Engelbert Schwarzenbeck

GRAF LUCKNER

LUCKNER.

Engelbert Schwarzenbeck

Graf Luckner

Der Marschall aus der Oberpfalz

Buchverlag der Mittelbayerischen Zeitung

Die Deutsche Bibliothek — CIP-Einheitsaufnahme

Schwarzenbeck, Engelbert:
Graf Luckner : der Marschall aus der Oberpfalz / Engelbert
Schwarzenbeck. — Regensburg : Buchverl. der Mittelbayerischen
Zeitung, 1993
ISBN 3-927529-38-9

Engelbert Schwarzenbeck
Graf Luckner

© Mittelbayerische Druck- und Verlags-Gesellschaft mbH
Regensburg, 1993
Umschlaggestaltung: Ruth Ibañez, Regensburg
Umschlagbild: Auguste Couner (1790 — 1873),
Nikolaus Graf de Luckner, Marechal de France
Herstellung: MZ-Druck
ISBN 3-927529-38-9

INHALT

WARUM DIE FRANZÖSISCHE NATIONALHYMNE EINEM OBERPFÄLZER GEWIDMET WURDE

Als Felix Graf von Luckner, der berühmte Kaperfahrer des 1. Weltkriegs, im Jahre 1937 auf seiner Weltreise auch nach Tahiti kam, wollte ihn der französische Gouverneur nicht an Land gehen lassen. Graf Luckner ging trotz des Verbots von Bord seines Schiffes und wurde zur Rede gestellt. Daraufhin, so berichtet er später, fragte er den Franzosen:

„Mein Herr, kennen Sie die Geschichte Ihres Landes?"
„Gewiß", meinte er sehr stolz.
„Wem ist denn die Marseillaise gewidmet?"
Da versagten seine Kenntnisse und ich mußte ihn aufklären:
„Mein Herr, dem Marschall Luckner ... dem französischen Marschall Luckner, und dieser Herr war mein Urgroßvater ..."

Über die Reaktion auf diese überraschende Eröffnung erzählt er: „Da streckte mir der Herr die Hand hin. Ich schlage ein. Und fortan ist die Freundschaft besiegelt und aller Haß davongeblasen. Wie stolz schwillt sein Herz, daß ihm diese Ehre widerfahren ist, den Urenkel des Marschalls Nikolaus Luckner begrüßen zu dürfen."

Diese Anekdote läßt zum einen die besondere Aura erahnen, die die französische Nationalhymne umgibt und die sie von anderen Hymnen abhebt. Sie offenbart aber auch, daß die Geschichte ihrer Entstehung weitgehend unbekannt geblieben ist. Würde man heute die Franzosen befragen, wem die Marseillaise gewidmet wurde, wäre Kopfschütteln wohl die häufigste Antwort.

Ihre Geburtsstunde schlug nicht in Marseille, sondern in Straßburg. Dort diente der Ingenieurhauptmann Rouget de Lisle, der in der Nacht des 25. April 1792 auf Bitten des Bürgermeisters Dietrich ein „Kriegslied für die Rheinarmee" verfaßte. Es begann mit den Zeilen:

> „Allons, enfants de la patrie,
> Le jour de gloire est arrivé!"

Was das „Genie einer Nacht", wie Stefan Zweig ihn nannte, damals in seinem Zimmer in der Grande Rue 126 schuf, wurde Monate später als „Marseillaise" bekannt. Der Hauptmann Rouget de Lisle trug den „Chant de guerre pour l'armee du Rhin" dem Bürgermeister Dietrich vor, der das neue Marschlied begeistert aufnahm. Gewidmet wurde es dem Oberbefehlshaber der Rheinarmee, Marschall Luckner.

Als am 30. Juli 1792 die Kolonnen der Freiwilligen aus Marseille in Paris einzogen, um Vaterland und Revolution zu retten, hatten sie auch ein Lied mitgebracht, das bald das ganze Land erobern sollte. Es wurde zur Seele der Revolution und später zur Hymne der Franzosen. Man nannte sie „Marseillaise", doch sie war nichts anderes als das „Kriegslied der Rheinarmee" von Rouget de Lisle.

Wer in Paris der Avenue des Champs-Élysées folgt, wird auf den Arc de Triomphe treffen, an dessen Stirnseite ein gewaltiges Relief den Auszug der Freiwilligen 1792 darstellt. Diese Plastik, ein Meisterwerk von Rude, ist nach der „Marseillaise" benannt. Ihr Siegeszug ist hier in Stein gehauen.

In Stein gehauen findet sich am Triumphbogen auch der Name des Mannes, dem dieses Lied gewidmet wurde: Luckner. Marschall Luckner stand 1792 im Zenit seiner Laufbahn.

Rouget de Lisle singt zum ersten Mal die Marseillaise im Hause des
Straßburger Bürgermeisters Dietrich. *Gemälde von Isidore A. A. Pils
(1813 – 1875)*

Er galt als der populärste Mann des französischen Heeres, von der Volksgunst umschwärmt, ein Liebling der öffentlichen Meinung. Die Zeitungen schrieben „der tüchtige Luckner", „die Hoffnung der Nation". Sein Bild im Schloß Versailles, in der Galerie der Generäle aus der Revolutionszeit, spiegelt noch den Nimbus aus jener Zeit. Er, der Deutsche, der Mann aus Bayern, besaß das Vertrauen der französischen Armee, die sein Andenken bis heute bewahrt.

Im Armeemuseum in Paris stößt man auf eine Vitrine, die voll von Erinnerungsstücken Luckners ist, Portraits, Waffen, Uniform, Urkunden und Marschallstab. An anderer Stelle im Armeemuseum findet sich ein Notenblatt des „Chant de guerre pour l'armee du Rhin" mit dem Zusatz „dedie au Marechal Lukner", gewidmet dem Marschall Luckner. Auch die Bibliothèque Nationale et Universitaire in Straßburg besitzt einen Erstdruck der „Marseillaise" mit dieser Widmung an Luckner.

Es waren vor allem die einfachen Soldaten, die den greisen Marschall verehrten. Sie nannten ihn „le pere Luckner", den Papa Luckner. Charles-Francois Dumouriez, der ehemalige Außen- und Kriegsminister, urteilte: „Als Chef der Avantgarde hätte Luckner die Armee an das Ende der Welt geführt." Und weiter: „Es ist ihm leichter, eine Schlacht zu gewinnen, als eine Rede zu halten."

Doch es gab auch andere Stimmen. Konrad Engelbert Oelsner, ein Deutscher, der sich an der Französischen Revolution aktiv beteiligte, spottete: „Das Unglück ist, daß Luckner kein Französisch versteht, seine Briefe nicht selbst schreibt, außer seinem Fache ein aberwitziger, alter Schwachkopf ist, ohne Menschenkenntnis . . . Luckner ist ein abgenutztes Instrument, mit dem einige abgefeimte Hofleute machen, was ihnen beliebt." Auch Madame Roland, eine der einflußreichsten Frauen im revolutionären Paris, hegte eine tiefe Antipathie gegen Luckner: „Er ist ein alter Soldat, halb stumpfsinnig, ohne Geist, ohne Charakter."

Notenblatt des „Kampfliedes der Rheinarmee" mit persönlicher Widmung an Marschall Luckner. *Armeemuseum, Paris.*

Wer war der Mann mit den verschiedenen Gesichtern, der die öffentliche Meinung in zwei Lager spaltete? Woher kam er?

Die Spur führt von der Seine an den Regen, von Paris nach Cham im Bayerischen Wald. In der oberpfälzischen Kleinstadt wurde Johann Nikolaus Luckner am 12. Februar 1722 geboren. Sein Name ist in Cham auch heute noch nicht vergessen. Eine Straße ist nach ihm benannt und an seinem Geburtshaus erinnert eine Gedenktafel an den großen Sohn der Stadt.

Sein Vater, Samuel Luckner, lebte in Cham als angesehener und wohlhabender Mann. Er war Hopfenhändler, Bierbrauer, Gastwirt, wurde Stadtkämmerer, was dem heutigen Bürgermeisteramt entspricht, und außerdem Kirchen- und Spitalverwalter. Er war verheiratet mit der Gastwirtstochter Maria Franziska Billing aus Kötzting und hatte mit ihr sechs Söhne und zwei Töchter. Nikolaus war der zweitjüngste Sohn. Sein jüngerer Bruder Joseph übernahm später das elterliche Gasthaus und wurde der Stammvater der Chamer Luckner. Mit Nikolaus hatte sein Vater Größeres vor, er sollte studieren.

Am 30. Juni 1730 starb Samuel Luckner. Er hinterließ eine Witwe und acht unmündige Kinder. In der Kirche St. Jakob in Cham, gleich neben dem Seiteneingang, ist eine Marmortafel in die Wand eingelassen, die an den Toten erinnert:

„Hat gelebt fromm, gerecht, gottesfürchtig, redlich, treu, aufrichtig, ist gestorben wohl vorbereit."

Beim Tod seines Vaters war Nikolaus erst acht Jahre alt. Bald mußte er sich auch von seiner Mutter trennen. Nach dem Besuch der Lateinschule in Cham wurde er in das Jesuitenkolleg nach Straubing und dann nach Passau geschickt. Die strenge Zucht der Jesuiten konnte aber den lebhaften Jungen, den der frühe Tod des Vaters stark geprägt hatte, nicht beugen. Seine widerspenstige und ungebärdige Art brachte ihm bei seinen Lehrern und Mitschülern den Spitznamen „Libertinus" ein, was soviel heißt wie „Wildfang".

Als der Jesuitenzögling die Werbetrommeln der bayerischen Armee vernahm, nützte er die Gelegenheit, die Feder mit dem Säbel zu vertauschen. Auch der Glanz der Gulden mag ihn verlockt haben, die Schule vorzeitig zu verlassen.

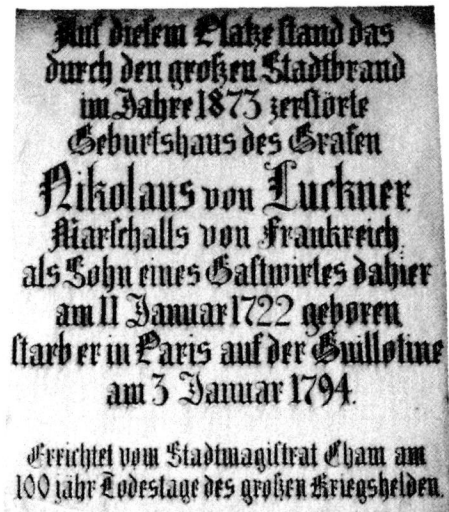

Gedenktafel in Cham am Platz des früheren Luckner-Hauses.

13

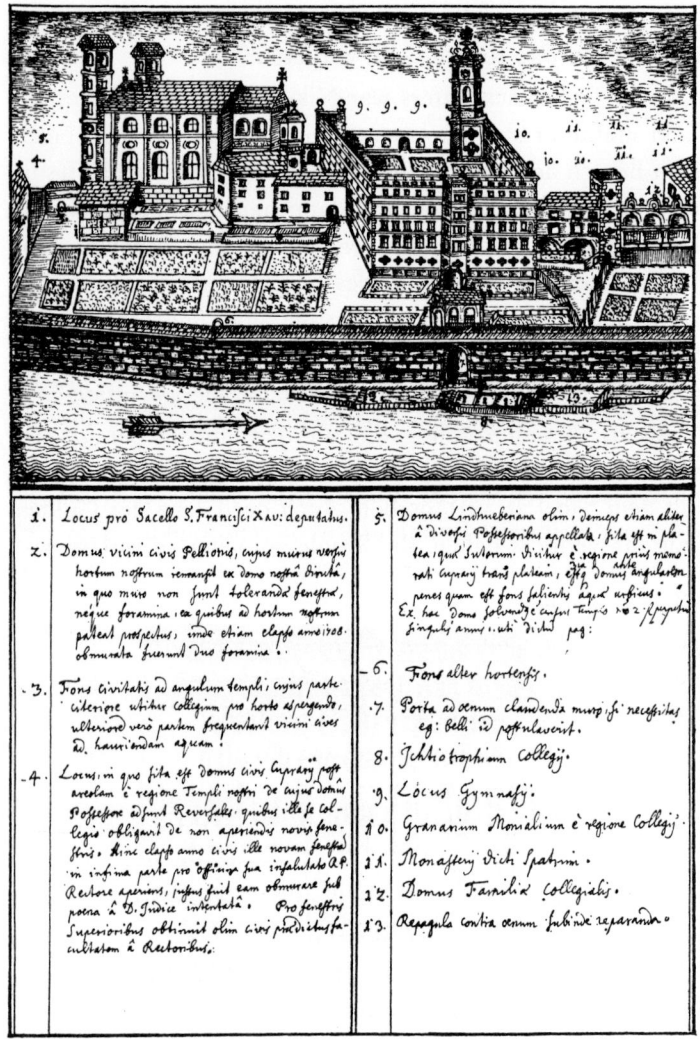

Das Jesuitenkolleg in Passau. Hier verbrachte Luckner einen Teil seiner Schulzeit. *Nach einer Federzeichnung aus dem Liber oeconomicus, 1709.*

Über den Zeitpunkt seines Eintritts in die bayerische Armee gibt es freilich widersprüchliche Angaben. Nach seinen eigenen Aufzeichnungen trat er schon im Jahre 1737 als Kadett im Infanterie-Regiment Morawitzky in bayerische Dienste. Nach den Akten des Bayerischen Kriegsarchivs läßt sich jedoch dieser Zeitpunkt nicht belegen. Daraus kann freilich nicht geschlossen werden, Luckners Angaben seien falsch. Es mag sein, daß seine Erinnerung in diesem Punkte etwas verschwommen und die Datierung deshalb auch ungenau ist. Gleichermaßen ist nicht auszuschließen, daß bei einem kriegerischen Einsatz im Ausland die Regimentsrolle nicht mit derselben Sorgfalt geführt wurde wie in Friedenszeiten. Jedenfalls bleibt der Beginn der militärischen Laufbahn Luckners wegen der unklaren Quellenlage unbestimmt.

Folgen wir seinen Angaben, so nahm er 1737 – 1739 in Ungarn an einem Feldzug gegen die Türken teil. Das Infanterieregiment Morawitzky gehörte zu dem Hilfskorps, das der bayerische Kurfürst Karl Albrecht dem Kaiser Karl VI. geliehen hatte – gegen Bezahlung von 36 Gulden pro Mann. Das war Luckners erster Schritt auf die Bühne des europäischen Kriegstheaters, wo ihm eine beispiellose Karriere gelingen sollte.

Luckner war zwar jetzt froh, die Zwänge jesuitischer Erziehung abgeschüttelt zu haben, er mußte aber bald erkennen, daß er dem Prinzip von Befehl und Gehorsam nicht entkommen konnte. Aber der Gedanke an Ruhm und Abenteuer half ihm, die militärische Disziplin leichter zu ertragen. Kaum waren die Kämpfe in Ungarn zu Ende, brach der bayerisch-österreichische Erbfolgekrieg aus. Nach dem Tod von Kaiser Karl VI. in Wien meldete der bayerische Kurfürst Karl Albrecht seine Erbansprüche an. Nicht die Kaisertochter Maria Theresia dürfe den Habsburger Thron besteigen, sondern er sei der legitime Nachfolger. Er wußte die Mehrheit der Kurfürsten hinter sich, die ihn dann im Januar 1742 in Frankreich zum Kaiser Karl VII. krönten.

Zu diesem Zeitpunkt war der Krieg schon in vollem Gange. Bayern, Preußen, Sachsen, Pfälzer, Franzosen und Spanier kämpften gegen Österreich. Die Truppen Maria Theresias mußten zurückweichen. Von französischen Truppen unterstützt, drang Karl Albrecht über Passau bis Linz vor, wandte sich aber, schlecht beraten, anstatt nach Wien, nach Prag. Er eroberte die Stadt und ließ sich dort huldigen. Luckner soll nach Böhmen mitgezogen sein und auf dem Rückweg nach Bayern seine von den Panduren Trencks verwüstete Vaterstadt Cham noch einmal gesehen haben.

Die bayerischen Soldaten verspotteten Maria Theresia damals in einem Lied als „D'Pandurenth'resel":

„D'Pandurenth'resel stolzmüthig floriert
Mit ihren Soldaten, so Schelmer und Dieb.
Husaren, Panduren, Razen, Krabat'n,
Seyn lauter Gesindel, wie's Herodes Soldat'n."

Als sich die Habsburgerin mit den Preußen einigte, wendete sich das Blatt. Jetzt waren die Bayern auf dem Rückzug. Am 1. Mai 1742 wurde Nikolaus Luckner zum Fähnrich befördert. Sein Bruder, Franz Bonaventura Luckner, diente eben-

Maria Theresia, römisch-deutsche Kaiserin. *Stich von J. Ch. von Reinsperger, 1744.*

falls als Fähnrich im Regiment Morawitzky. Da fast die gesamte Einheit in Gefangenschaft geraten war, stellte Nikolaus Luckner im Juli 1744 die Bitte, als Freiwilliger bei der berittenen Frei-Kompagnie Gschray eingestellt zu werden. Seine Bitte wurde genehmigt.

Schon bald wechselte er freiwillig als Volontär zum Husarenregiment Ferrari. Dort erhielt er im Februar 1745 eine Oberleutnantsstelle, weil er, so lautete die Begründung, „als ein tapferer Soldat bei vielen Ausfällen sich wohl hatte gebrauchen lassen".

Im März 1745 gingen die Österreicher über den Inn und nahmen Vilshofen ein. 3000 Mann Besatzung, darunter zwei Kompanien Ferrari-Husaren, gerieten in Gefangenschaft. Nikolaus Luckner konnte sich jedoch wieder befreien. Er schwamm über die Donau und entkam verkleidet nach Regensburg. Von dort schrieb er am 8. April um Geld, um wieder zu seinem Regiment gelangen zu können.

Nach dem Tod Kaiser Karls VII., des letzten Wittelsbacherkaisers, versöhnte sich sein Sohn, Kurfürst Maximilian III., mit dem Hause Habsburg und verzichtete auf die Erbansprüche. Mit dem Frieden von Füssen im April 1745 endete für Bayern der Krieg, der dem Land viel Not und Elend beschert hatte. Aber die Ruhe war für Luckner nur von kurzer Dauer. Bald mußte er wieder in den Sattel.

Nach dem Friedensschluß plagten den Kurfürsten Geldsorgen und er war gezwungen, Teile seiner kostspieligen Armee zu reduzieren. Betroffen davon war vor allem die unverhältnismäßig starke Kavallerie. Die beiden Husarenregimenter wurden aufgelöst und daraus ein neues Husarenregiment gebildet, das den Namen seines Obersten Ferrari erhielt. Als das Gerücht die Runde machte, das Regiment solle an eine auswärtige Macht verkauft werden, begingen immer mehr Soldaten Fahnenflucht. Nachdem im August 1745 sogar der Regimentskommandeur Oberst Graf Ferrari mit mehreren Leuten desertierte, wurde das Regiment dem Oberst Frangipani unterstellt. Nikolaus Luckner wurde zum Kapitänleutnant befördert und befehligte seit dem 15. September 1745 die Leibkompanie.

Im Oktober dann wurde aus dem Gerücht Wirklichkeit. Um seine Geldnöte zu mildern, beschloß der Kurfürst, 5000 bayerische Soldaten den Generalstaaten der vereinigten Niederlande zu vermieten. Am 26. August ging das Regiment in Donauwörth in holländische Dienste über. Für Luckner ging der Krieg in den Niederlanden weiter. Er mußte jetzt gegen die Franzosen kämpfen. Der Subsidienvertrag war auf vier Jahre befristet. Infolge der schlechten Verpflegung, der Strapazen und häufiger Desertion sollte nur ein Drittel der bayerischen Soldaten 1749 die Heimat wiedersehen.

19

Auf dem Weg in die Niederlande kamen die Frangipani-Husaren auch durch Nördlingen. Dort schloß sich ihnen der Feldscher Johann Caspar Schiller, der Vater des Dichters Friedrich Schiller, an. Am 11. November 1745 rückte das Regiment in Brüssel ein. Als die Stadt von den Franzosen eingeschlossen war, wagte Oberst Frangipani einen Ausfall, den „er auch des Abends mit so viel List, Geschicklichkeit und Tapferkeit bewerkstelligte, daß er fast ohne Verlust nach Namur gelangte". Und bevor die Franzosen Löwen räumten, hatten die Frangipani-Husaren „dieselben beständig beunruhigt und ihnen, wenn sie im Partheigehen aufeinander stießen, vielen Abbruch getan". Johann Caspar Schiller bezeichnete das Regiment in seinen Erinnerungen später als „eine treffliche Schule, Bravour zu lernen und auszuüben".

Luckner blieb den Beweis nicht schuldig. 1746 stieg er zum Rittmeister auf. Sein Regiment wurde nach Maaseijk in Garnison gelegt. Der Feldscher Schiller erzählt: „Ausser denen bei feindlichen Scharmützeln vorkommenden Verwundungen hatte ich wenig zu tun, denn bei den vielen Strapazen der leichten Reiterei können sich Krankheiten am wenigsten einnisten."

Im Sommer 1747 war das Regiment bei Bergen op Zoom im Einsatz. Die Frangipani-Husaren, die hinter den Kampflinien streiften, konnten über 300 Gefangene machen und ebensoviele Pferde, Wagen und Maultiere erbeuten. Wie die Beute unter die Soldaten verteilt wurde, beschrieb der Feldscher Schiller in seinen Lebenserinnerungen: „Ausser den Gefangenen wurde alle Beute dem Regiment gelassen und verhältnismässig ausgetheilt. Was aber jeder Einzelne in Gefangennehmung oder beim Tothmachen seines Feindes bekam, daran durfte keiner Anspruch machen, sollten es auch tausend Louisd'or gewesen sein."

Am 13. Februar 1748 wurde Nikolaus Luckner zum Major befördert. Sein Regiment war aufgeteilt worden und er befand sich jetzt bei den zwei Kompanien unter Collignon. Hier machte Luckner die Bekanntschaft des Herzogs von Cumberland, dem Bruder der Erbstatthalterin, dessen Beziehungen zum englischen Hof er noch in Anspruch nehmen sollte.

Im Frühjahr 1748 endeten auch in den Niederlanden die Kämpfe. Zwischen Österreich und Frankreich wurde am 25. Mai 1748 der Aachener Friede geschlossen. Als durch das Ende des österreichischen Erbfolgekrieges die Rücksendung der vermieteten Soldaten nach Bayern drohte, verkaufte Kurfürst Maximilian III. am 18. Januar 1749 kurzerhand das Regiment an die Generalstaaten für 12 000 Gulden. Am 25. September 1749 wurde das ganze Regiment abgedankt.

In den Jahren 1749 bis 1757 ist nichts über Luckners Aufenthalt bekannt. Vermutlich ließ er sich in der Gegend von Stevensweert, in der Provinz Limburg, nieder und führte das geruhsame Leben einen pensionierten Majors. In dieser Zeit lernte er wahrscheinlich auch Johanna Cornelia Cuypers kennen. Er heiratete sie und hatte mit ihr zwei Söhne und zwei Töchter. Angaben über Ort und Zeit der Eheschließung lassen sich in den Kirchenbüchern von Stevensweert nicht finden. Möglicherweise fand die Hochzeit auch im nahegelegenen Masseijk statt. Von Johanna Cornelia Cuypers, ein in dieser Gegend häufiger Name, ist kein Taufschein in Stevensweert vorhanden. Zusammen mit seiner holländischen Frau trat Luckner am 21. 4. 1757 vom katholischen zum reformierten Glauben über. In der reformierten Kirche von Stevensweert wurde am 8. 11. 1758 auch eine Tochter des Ehepaars Luckner beerdigt. Major Luckner führte damals

schon einen Adelstitel und nannte sich „Nicolaes de Luckner".

Das ruhige und friedliche Leben auf dem flachen Land fiel
ihm nicht leicht. Er war jetzt Mitte 30 und noch voller Ta-
tendrang. Als er nach achtjähriger Ruhepause wieder Kriegs-
lärm vernahm, hielt ihn nichts mehr.

Mit dem Einmarsch preußischer Truppen 1756 in Sachsen
hatte inzwischen der Siebenjährige Krieg begonnen. Doch
Sachsen stand nicht allein, es war mit Österreich verbündet.
Frankreich und Rußland sicherten Österreich Truppenhilfe
zu und die Mehrzahl der Reichsfürsten unterstützte ebenfalls
Maria Theresia gegen Friedrich II.
Auf seiten des Preußenkönigs standen neben Großbritan-
nien auch Hannover, Hessen-Kassel, Braunschweig,
Schaumburg-Lippe und Gotha. Im Frühjahr 1757 rückten
die Preußen nach Böhmen vor.
   In dieser Zeit fuhr Luckner zweimal nach London mit
dem Vorschlag, auf eigene Faust ein Freikorps aufzustellen.
Er war vom Herzog von Cumberland der Prinzessin von
Oranien und dem englischen König empfohlen worden.
Endlich, nach langen Verhandlungen, stimmte der englische
König und Kurfürst von Hannover, Georg II., seinen Plänen
zu. Luckner trat am 1. Mai 1757 als Major in hannoversche
Dienste. Mit der Entlassung aus der holländischen Armee
ließ er sich freilich Zeit. Erst ein Jahr später nahm er seinen
Abschied, nachdem die Erbstatthalterin, die sehr auf eine
neutrale Haltung bedacht war, gedrängt hatte, Luckner solle
entweder seinen Dienst bei den Holländern quittieren oder
die hannoverschen Truppen verlassen.
   Luckner mußte jetzt rasch sein Husarenkorps aufstellen.
Es bestand vorläufig nur aus einer Kompanie zu fünf Offi-

zieren, zehn Unteroffizieren, einem Trompeter, 90 Husaren und 106 Pferden. Wie damals üblich, wurde ein Vertrag abgeschlossen, wonach Luckner die Beschaffung der Pferde, Bewaffnung und Ausrüstung seines Freikorps gegen ein Aversum übertragen war. Es war so bemessen, daß damit nicht nur die Unkosten zu begleichen waren, sondern auch ein Überschuß erzielt werden konnte. Auf diese Weise vermochte Luckner sein Korps stets vollständig und gut ausgerüstet zu halten.

Seine Husaren trugen farbenfrohe Uniformen: grüner Dolman und Pelz mit gelben oder goldenen Schnüren, rote Hosen, rote Säbeltaschen und Flügelkappen aus Filz nach ungarischer Art. Zwei Jahre später änderte Luckner eigenmächtig diese Uniform. Seine Soldaten erhielten weiße Dolmans, weiße Hosen und statt der Flügelkappen schwarze Pelzkappen mit roten Stoffbeuteln. Bewaffnet war jeder Reiter dieser leichten Truppe mit Säbel, Karabiner und zwei Pistolen, die, von einer Schabracke verdeckt, am Pferd getragen wurden.

Es war ein bunt zusammengewürfelter Haufen, den Luckner da ausgerüstet hatte. Wie die Regimentsrolle ausweist, kamen die Männer aus verschiedenen Ländern, viele aus Ungarn, und oft waren es Abenteurer und Deserteure. Die Freikorps genossen daher nicht den besten Ruf.

Auf dem westlichen Schauplatz des Siebenjährigen Krieges kämpften die Verbündeten der Preußen gegen eine französische Übermacht, die die rechte Flanke Friedrichs II. bedrohte. Nach der Niederlage von Hastenbeck am 26. Juli 1757 stand die alliierte Armee unter dem Herzog von Cumberland, dem Sohn König Georgs II., auf verlorenem Posten. Die Neutralitätskonvention von Kloster Zeven vom 8. Sep-

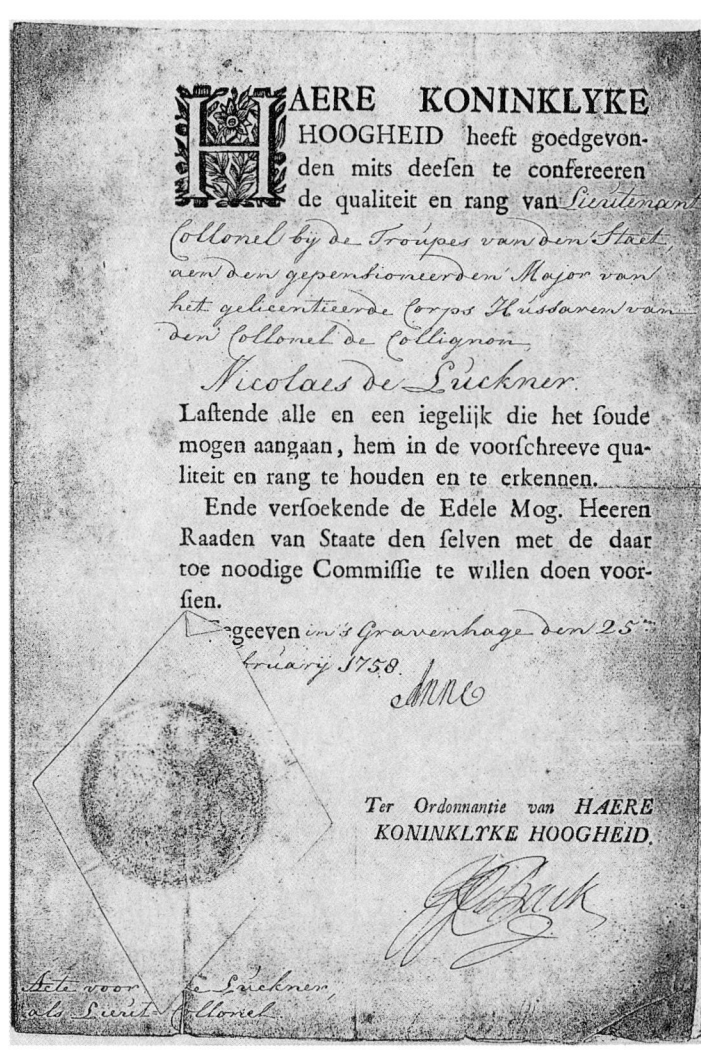

HAERE KONINKLYKE HOOGHEID heeft goedgevonden mits deesen te confereeren de qualiteit en rang van *Lieutenant Collonel by de Troupes van den Staet, aen den gepensioneerden Major van het gelicentieerde Corpos Hussaren van den Collonel de Collignon,*

Nicolaes de Luckner.

Laftende alle en een iegelijk die het foude mogen aangaan, hem in de voorfchreeve qualiteit en rang te houden en te erkennen.

Ende verfoekende de Edele Mog. Heeren Raaden van Staate den felven met de daar toe noodige Commiffie te willen doen voorfien.

Gegeven in 's Gravenhage den 25 februarij 1759. *Anne*

Ter Ordonnantie van HAERE KONINKLYKE HOOGHEID.

Entlassungsurkunde des Nicolaus von Luckner aus holländischen Diensten.

tember 1757 legte fest, daß die alliierte Armee sich auflösen, das Land aber in der Hand der Franzosen bleiben sollte. Im November riß ein preußischer General das Steuer herum: Herzog Ferdinand von Braunschweig-Lüneburg, ein Schwager Friedrichs II. Er übernahm das Kommando der alliierten Truppen, nachdem der englische König den Herzog von Cumberland zurückberufen hatte. Verstärkt wurde seine Armee noch durch britische und preußische Einheiten. Herzog Ferdinand, dem der Ruf eines talentierten Strategen vorauseilte, ratifizierte die Konvention von Kloster Zeven nicht und ließ den schon eingeleiteten Abmarsch alliierter Truppen stoppen.

Die Stimmung schlug um, als die Franzosen in der Schlacht von Roßbach am 5. November 1757 unterlagen. Unter der Führung Herzog Ferdinands gingen die Verbündeten bald zur Offensive über und konnten die Franzosen zurückdrängen. Dabei zeigte sich bei den Alliierten jedoch der Mangel an leichten Truppen.

Die Luckner-Husaren leisteten jetzt wertvolle Dienste, vor allem in der Aufklärung. Die Anerkennung blieb jedoch noch aus. So urteilte Geheimsekretär von Westphalen, der Berater des Herzogs: „Luckner scheine ihm nichts Großes zu sein, da man aber keinen besseren habe, möge man ihn konservieren."

Doch bald begann Luckners Stern zu steigen. Am 1. Dezember überraschte er eine Abteilung Franzosen bei Jesteburg, schlug sie in die Flucht und nahm ihnen 100 Stück Schlachtvieh ab. Am 28. Dezember überfiel er ein französisches Detachement bei Wahrenholz und nahm 67 Dragoner, fünf Offiziere und den Oberst Grandmaison, den Klassiker des „Kleinen Krieges", gefangen. Der berühmte Oberst Grandmaison, der wegen seiner besonderen Kampfweise als

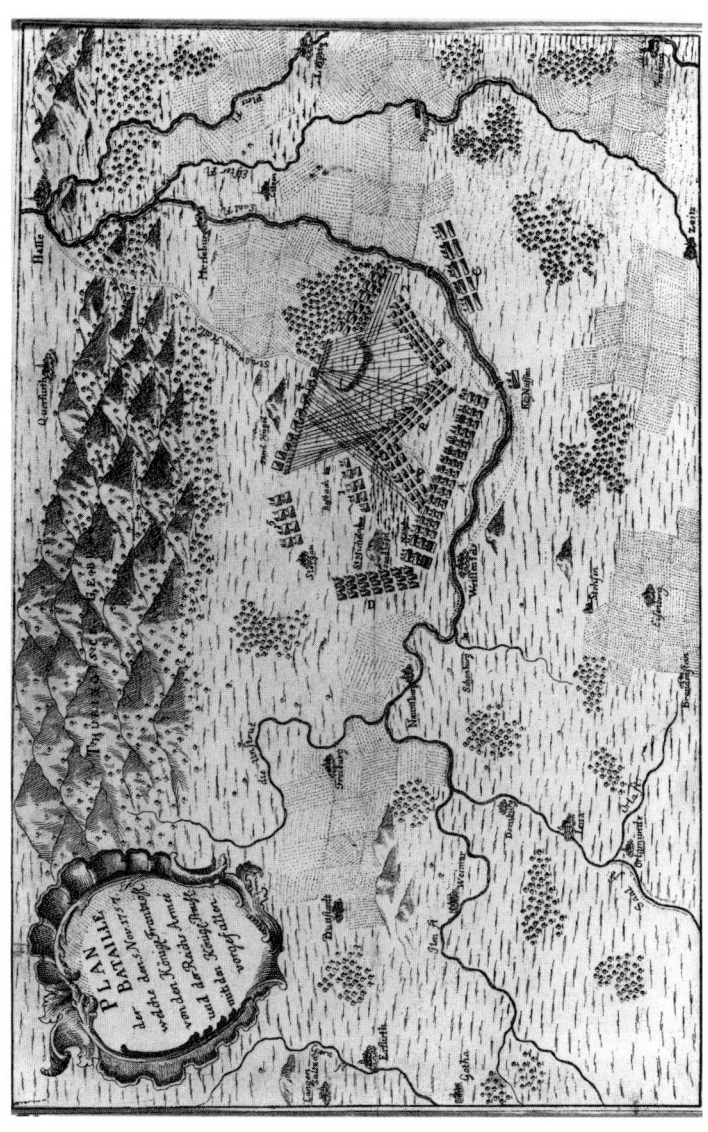

Plan der Schlacht bei Roßbach am 5. November 1757. *Zeitgenössischer Kupferstich.*

27

„Partisan" tituliert wurde, hatte seinen Meister gefunden. Mit diesem fulminanten Streich endet für Luckner das Jahr 1757. Die Armeen zogen sich in die Winterlager zurück und warteten auf das Frühjahr, das ihnen wieder mehr Bewegungsfreiheit ermöglichen würde. Die Luckner-Husaren blieben in der Zeit auf Vorposten und streiften trotz der heftigen Kälte vor den feindlichen Linien.

Ende Januar 1758 setzte Herzog Ferdinand seine Armee wieder in Marsch. Die französischen Truppen wichen zurück und wurden von den leichten Truppen bis in die Gegend von Herford und Bielefeld in Westfalen verfolgt. Am 26. März 1758 bestanden die Husaren bei Bentheim ein heftiges Gefecht, das sie für sich entscheiden konnten. Dabei gelang es ihnen, den überlegenen Franzosen Gefangene abzunehmen. Ein weiteres Gefecht führte Luckner am 29. April bei Duisburg. Er besetzte die Stadt und machte von dort Streifzüge bis vor die Tore Düsseldorfs.

Innerhalb weniger Monate hatte es Herzog Ferdinand von Braunschweig-Lüneburg geschafft, die Franzosen aus den hannoverschen Landen, aus Hessen und Westfalen zu vertreiben. Anfang Juni überschritt Herzog Ferdinand den Rhein. Luckner, der die Vorhut des Wangenheimschen Korps bildete, umging das Feldlager der Franzosen bei Krefeld. Am 16. Juni griff er von der Flanke an, zersprengte ein Infanteriepiket, das dort zum Schutz aufgestellt war, und drang ins Lager ein. Er warf nacheinander drei Schwadronen, die sich ihm in den Weg gestellt hatten, über den Haufen. Nachdem er Schrecken und Verwirrung verbreitet hatte, verschwand er wieder mit 60 Beutepferden.

Am nächsten Tag glückte dem Major Luckner ein ähnlicher Streich. Er ritt überraschend in das von französischen Einheiten besetzte Uerdingen, verjagte die Besatzung und führte deren gesamte Bagage mitsamt den Pferden als Beute fort. Der Stadt legte er noch eine Brandschatzung von 2000 Louisd'or auf und zwang sie, 15 000 Rationen zu liefern, weil aus den Fenstern auf seine Husaren geschossen worden war. Nach diesem Coup wurde Luckner am 17. Juli zum Oberstleutnant befördert.

Als die erwartete Verstärkung durch ein Korps englischer Truppen ausgeblieben war, konnte sich Herzog Ferdinand am linken Rheinufer nicht mehr halten. Die französische Armee war mittlerweile weiter angewachsen, so daß sich der Herzog nach Westfalen zurückziehen mußte. Nun standen sich die beiden Heere an der Lippe gegenüber. Luckner fiel die Aufgabe zu, die Zugänge von Lippstadt zu bewachen. Bei Zusammenstößen mit dem Korps der Grafen Chabot und Turpin konnte er sich jedesmal behaupten. Am 12. September 1758 nutzte Luckner die Gelegenheit und griff bei Hoffstadt und Soest überraschend die weit überlegenen Husarenregimenter Turpin und Berchini an. Er zersprengte sie, nahm zwei Offiziere und 50 Mann gefangen und erbeutete 61 Pferde.

Jetzt mußte man dem Aufsteiger auch am herzoglichen Hof Respekt zollen. Christian Heinrich Philipp von Westphalen, der Sekretär und Berater Herzog Ferdinands, räumte ein: „Luckner, den man bei seinem komischen Auftreten für einen Marktschreier gehalten hätte und der, dem unverständlichen Kauderwelsch seiner Berichte nach zu urteilen, nicht ganz bei Verstand schien, hatte von der Natur eine besondere Gabe für den Kleinen Krieg erhalten; niemand war gerissener als er oder urteilte treffsicherer, um Nutzen aus der gegebenen Lage zu ziehen."

Die fortgesetzten Erfolge der leichten Truppen veranlaßten Herzog Ferdinand am 28. 11. 1758 in einem Brief an König Georg II. von England „die unumgängliche Notwendigkeit darzulegen, die leichten Truppen gleichfalls zu verstärken". Er forderte ihn auf, die Zahl der Luckner-Husaren zu verdoppeln. Der Bitte des Herzogs wurde entsprochen und das Lucknersche Korps 1759 auf 450 Pferde vermehrt. Den leichten Truppen der hannoverschen Armee hatten die Franzosen keine gleichwertige Waffengattung entgegenzusetzen, was ihre Schlagkraft trotz der zahlenmäßigen Überlegenheit entscheidend beeinträchtigte.

In den ersten Monaten des Jahres 1759 fiel Luckner die Aufgabe zu, die französischen Truppen daran zu hindern, sich am rechten Rheinufer auszubreiten und den Kordon der alliierten Armee zu durchbrechen. Luckner war fast täglich in Gefechte verwickelt. Generalleutnant Georg August von Wangenheim, der den Oberbefehl in diesem Abschnitt führte, berichtete im Frühjahr 1759 Herzog Ferdinand: „Luckner verrichtet Wunder; es ist unglaublich, mit welcher Festigkeit er seine Posten hält; gestern ward er an drei Orten angegriffen und flog von einem zum anderen; und ungeachtet immer zehn gegen einen sind, ohne die Infanterie zu rechnen, greift er sie an und wirft sie immer zurück. Seit er hier ist, hat er 45 Pferde verloren."

In der Nacht vom 11. auf den 12. Juli 1759 glückte Luckner in Holzhausen ein besonderer Coup. Mit 150 Husaren überfiel er im Schutz der Dunkelheit 400 Karabiniers, die der Herzog von Broglie als Besatzung in der Stadt zurückgelassen hatte. Nur wenigen gelang, lediglich mit dem Hemd bekleidet, die Flucht. Graf Desalles, mehrere seiner Offiziere und 168 Soldaten wurden zu Gefangenen gemacht. Am Tag darauf avancierte Luckner zum Oberst. Sein Korps wurde vergrößert und zu einem Regiment erhoben. Nun stellte

Herzog Ferdinand auch größere Truppenverbände verschiedener Waffengattungen unter das Kommando Luckners. Am 20. Juli verjagte der neuernannte Oberst, verstärkt durch zwei Grenadier-Bataillons, ein französisches Korps von 3000 Mann bei Lade an der Weser. Der Bericht an den Herzog Ferdinand vermeldete: „Als die Unserigen dem feindlichen Corps bis auf Flintenschußweite nahe gekommen waren, mußten sie ein starkes Feuer aushalten, wodurch einige Leute getödtet und andere verwundet wurden. Nach diesem drang aber Oberst v. Luckner mit seinen Leuten muthig in die feindlichen Glieder ein, ohne ihnen Zeit zu lassen, wieder zu laden. Unsere Husaren wollten gar keinen Pardon geben, säbelten eine große Menge nieder, und verfolgten die Flüchtlinge bis an die Brücke von Minden."

Am 1. August 1759 kam es hier zur Schlacht zwischen der alliierten Armee und einem starken französischen Aufgebot, das noch durch sächsische Einheiten verstärkt war. An der Schlacht von Minden, die der Herzog für sich entscheiden konnte, nahm auch Luckner teil, der am rechten Weserufer wesentliche Erfolge erzielte.

Im August bestand Luckner innerhalb von sieben Tagen zehn Scharmützel. Herzog Ferdinand belohnte ihn daraufhin mit ansehnlichen Geldgeschenken. Auch meldete er Luckners Taten regelmäßig dem englischen Hofe. Der Generaladjutant von Reden vermerkte in seinem Tagebuch: „Der Oberst Luckner war täglich mit dem Feinde Handgemein und nahm ihm die Pferde zu 50, zu 70 und einst deren 154 Stück auf einmal."

Mit Herzog Ferdinand stand Luckner in täglichem Briefverkehr. Oft gingen mehrmals am Tage und nicht selten auch in der Nacht Meldungen und Rapports hin und her. Dieser Briefwechsel mit Hilfe von Kurieren bildete damals

31

fast die einzige Möglichkeit der Kommunikation zwischen den einzelnen Truppenteilen. Häufig gingen wichtige Botschaften verloren oder kamen zu spät, Nachfragen war schwierig und Mißverständnisse waren an der Tagesordnung. Luckner pflegte einen sehr eigentümlichen Schreibstil, der von der sonst üblichen Sprachregelung abwich. Seine Briefe waren oft mit persönlichen Anmerkungen versehen. Seine Grammatik und Rechtschreibung trugen abenteuerliche Züge. Nicht selten rätselte man am herzoglichen Hof über den Sinn seiner Zeilen. Am 3. August schrieb Luckner an den Herzog: „umb Gottes Willen, wie marschirt der Feind so confus, zu 3 ä 4 Regimenter, wünsche nur, dass der Herzog lässt avansieren, der Feind wird Total rouiniert. adieu Empfehle mich."

Bei Volckemissen warfen die Luckner-Husaren am 15. August das Korps des Grafen Chabot über den Haufen. Luckner meldete dem Herzog: „Da nun die Infanterie in 300 Mann nebst 1 Canon arivirt ist, so habe mich resolviret, den Feind, bestehend in der bewusten Infanterie und Cavallerie zu attaquieren. Der Anfang von mir war auf die Infanterie, wovon nicht über 3 Mann seyn lebendig davon gekommen, und der übrige rest befindet sich hiebey in 17 Mann. Alsdann gieng es auf die Cavallerie von Chabo, welche in 2 Trups bestund, alleinig doch glücklich auf die ihrige Cavallerie wurde geworfen, dass also die 4 Trupps in rothen Dragonern sich selbsten von der Natur müste mit in die Flucht geben, der Choq gieng gut, und wir waren ziemlichen Weg handgemein, allein der Feind bekam 2 Escadron Succurs, und durch die Hitze meiner Leute, verlohr ich den Choq, wobey ich viele Gefangene wiederum verlohr; jedoch ich brachte meine Leute zur raison, und wagte den 2. Choq, welcher mehrmahlen gelungen ... Mein Verlust ist in 18 Mann todt und blessirt und gefangen. Mein profit ist alleinig folgende Specification an Mannschaft nebst etliche 30 Pferde. Jedoch zu meiner avantage bin und bleibe ich Meister von dem Platz der Affaire, und der Feind hat doch empfunden, dass er von mir zu 2mahlen ist geworfen worden." In seinem Bericht an König Georg II. ließ Herzog Ferdinand Luckners Erfolge nicht unerwähnt.

Anfang August glückte es Luckner, die Feldregistratur des Marschall Contades in die Hände zu bekommen. Sie enthielt zahlreiche geheime Schriftstücke, Befehle und Instruktionen des französischen Hofes, wichtige Korrespondenzen auch mit Rußland und mit dem Wiener Hof. Einige der Briefe hatten eine besondere Brisanz, enthielten sie doch die Weisung, diejenigen Länder, die militärisch nicht mehr zu halten waren, zu verwüsten.

Als König Georg II. von Luckners Coup erfuhr, bat er Herzog Ferdinand, ihm die Schriftstücke zu übersenden. Er veröffentlichte diese Briefe zu Propagandazwecken und brachte dadurch Frankreich in Bedrängnis, das seine Verwüstungsstrategie entlarvt sah.

Ende August erhielt Oberst Luckner den Auftrag, mit 500 Husaren, 100 Jägern und 500 Grenadieren den Feind aus den Dörfern Ober- und Nieder-Weimar zu vertreiben. Dort hatten die Franzosen einen vorgeschobenen Posten von etwa 1500 Mann stationiert. Ihre rechte Flanke war ausreichend geschützt, ihre linke Flanke durch hohe Berge und Waldungen gedeckt, so daß sie sich sicher fühlten. Dem Oberst Luckner blieb diese Schwachstelle jedoch nicht verborgen. Er machte einen Schleichweg ausfindig, der um einige Berge herumging und durch ein kleines Gehölz nach Nieder-Weimar führte. Dann teilte er seine Truppen auf. Einen Teil ließ er über den Schleichweg in den Rücken des Feindes marschieren, den anderen Teil plazierte er auf der geraden Straße nach Ober-Weimar. Nachdem seine Leute die verschiedenen Positionen eingenommen hatten, griffen sie gleichzeitig von beiden Seiten an. Die überraschten Franzosen mußten starke Verluste hinnehmen, räumten ihre vorteilhafte Stellung und gingen über die Lahn zurück. Luckner machte 300 Gefangene und erbeutete eine Kanone.

Am 22. Oktober wollte der Oberst bei Niederbrechen eine Nachschubkolonne, die von 400 Kavalleristen eskortiert war, überrumpeln. Das feindliche Detachement aber war durch einen Kundschafter vorgewarnt und erwartete ihn bereits. Als Luckners Husaren sich näherten, wurden sie von den Franzosen attackiert. Kurz entschlossen machte Luckner einen Seitenschwenk, gelangte so in die Flanke des Gegners und ging nun seinerseits zum Gegenangriff über. Das Ergebnis war, so sein Rapport, „dass der dasige comandirte Obrist-Lieutenant Bose die Flucht ergreifen musste, und blieb uns zur Beüte ohngefehr 99 Pferde, und etliche 70 Mann, benebst 1 Officier. An Todten feindlicher Seits, haben meine Leute gezehlet den commandierten Obrist-Lieutenant, 1 Capitaine, und 43 Gemeine, wie auch 9 Pferde todt". Luckners eigene Verluste waren sehr gering. In seine Hände fielen auch 100 mit Heu und Verpflegung beladene Wagen.

Im Spätherbst streifte Luckner mit seinem Regiment über Weilburg und Limburg bis an den Rhein. Von seinen Manövern und Gefechten erfuhr auch der preußische König Friedrich II., der von Herzog Ferdinand stets gut unterrichtet wurde. Die Korrespondenz zwischen den beiden war meist in französischer Sprache abgefaßt. Mit dem englischen König Georg II. dagegen tauschte sich Herzog Ferdinand in deutscher Sprache aus.

Zu den Verbündeten der Franzosen gehörte auch der Herzog von Württemberg. Er hatte im November 1759 in Fulda sein Lager aufgeschlagen und sorglos die Damen der Stadt zum Ball geladen. Kaum hatte das Fest begonnen, erschien der Erbprinz von Braunschweig mit den Luckner-Husaren vor den Toren Fuldas. Sie drangen in die Stadt ein, zersprengten die überraschten Württemberger und nahmen 1200 von ihnen gefangen. Der Herzog konnte gerade noch entkommen. Seine Truppen zogen sich in großer Verwirrung aus Fulda zurück. Die festlich gekleideten Damen des geistlichen Hofes aber mußten unverrichteter Dinge das Tanzparkett räumen.

Gegen Ende des Jahres 1759, am 29. Dezember, sollte Luckner gegen feindliche Streiftrupps vorgehen, die den Nachschub der alliierten Armee in der Gegend von Siegen bedrohten. Bei dem Dorf Ober-Scheid stellten seine Husaren, verstärkt durch 300 Mann, ein französisches Detachement. Der Kommandeur Graf von Murret, fünf Offiziere und 208 gemeine Soldaten gerieten in Gefangenschaft, eine Vierpfünder-Kanone wurde als Beute weggeführt.

Bei dem hitzigen Gefecht mußte Luckner seine Leute zügeln und sie davon abhalten, auf die schon Unterlegenen weiter einzuhauen. Diese Haltung wurde auch in den französischen Berichten gewürdigt und lobend erwähnt, daß Luckner „sich während der Action sehr tapfer gezeigt, und einen Beweis seiner Grossmuth dadurch gegeben habe, dass er dem Blutvergiessen von Seite seiner Husaren augenblicklich Einhalt gethan".

Bei dem gefangenen Oberstleutnant Murret fand Luckner auch wichtige Papiere, die dem Herzog Ferdinand die nächsten Pläne des Gegners verrieten.

Einer der Gründe für Luckners Erfolge ist in der damaligen Kriegsführung zu suchen. Nicht nur die Bewegungen der einzelnen Soldaten waren einem strengen Drill unterworfen, auch die Bewegungen der Truppenteile folgten einem starren System von Märschen und Gegenmärschen, von Manövern und Scheinangriffen. Der Krieg war rationalisiert und reglementiert, die risikoreiche Feldschlacht wurde vermieden. In dieser Situation gewann der „Kleine Krieg" an Bedeutung — und der war die Stärke Luckners.

Seine Spezialität war das Operieren im Rücken des Feindes und das Ausheben von Nachschubkolonnen. Mit seiner leichten Truppe sollte er keine Schlachten schlagen, sondern plänkeln, täuschen und Unruhe schaffen. Er war überall und nirgendwo und machte dem Feind mit seiner Überrumpelungstaktik das Leben schwer. So erfolgreich die leichten Truppen der alliierten Armee waren, so wenig glücklich waren die Franzosen im Kleinen Krieg. Der Mangel an leichten Truppen ließ sie die Aktionen von „Parteigängern", wie ihre Führer auch genannt wurden, schmerzhaft spüren. Ständig wurden französische Abteilungen angegriffen, ihre Quartiere in Unruhe versetzt, ihre Magazine bedroht, ihre Transporte weggenommen und eine Menge Gefangener gemacht, bis endlich die große Kälte den Weg in die Winterquartiere notwendig machte.

Doch auch dann konnte sich Luckner keine Ruhe gönnen. Er erhielt das Kommando über die Vorpostenkette, welche die Winterquartiere vor Überfällen schützen mußte, eine sehr verantwortungsvolle Aufgabe. Am 7. Januar 1760 wurden die Vorposten von starken Einheiten bedrängt. Luckner wehrte die gegnerischen Versuche ab und schloß sich mit den Bergschotten und 400 Mann Infanterie bei Dillenburg zusammen, um selbst in die Offensive zu gehen. Bei Eybach

General von Luckner während des 7jährigen Krieges. *Zeitgenössischer Stich von J. M. Probst.*

stieß er auf das Dragonerregiment von Beaufremont. Herzog Ferdinand konnte an den englischen Hof melden: „Ein grosser Theil dieses Regiments wurde zusammen gehauen oder gefangen genommen und zersprengt, worauf die Schotten auf den Pferden der Dragoner von Beaufremont zurückritten. Diese verschiedenen Schläge haben den Feind der Art ausser Fassung gebracht, dass er sich entschloss, sich theils gegen den Rhein theils gegen die untere Lahn zurückzuziehen."

Am 25. Januar 1760 erhielt Oberst Luckner den Lohn für seinen unermüdlichen Einsatz. Er rückte in die hannoversche Generalität auf.

In einem Brief an den englischen König schrieb Herzog Ferdinand: „Vorzügliche Meriten erfordern auch vorzügliche Distinctiones, und kann dergleichen außerordentliches Avancement bei ehrliebenden Officieren nicht anders als Emulation und keine Jalousie erwecken."

Seine Beförderung zum Generalmajor gegen die Zwänge der Rangordnung schaffte ihm aber auch Feinde, die den unaufhaltsamen Aufstieg des Parteigängers mißgünstig verfolgten. Luckner war jetzt jedes Jahr eine Stufe auf der militärischen Karriereleiter nach oben geklettert. War es für einen Offizier bürgerlicher Herkunft im 18. Jahrhundert schon eine Ausnahme, eine solche Laufbahn zu machen, so war es eine besondere Seltenheit, bei dieser Herkunft und in dieser kurzen Zeit einen so hohen Rang zu erreichen. Luckners Aufstieg kam nur durch seinen unermüdlichen Einsatz und sein Geschick im Kleinen Krieg zustande. Während in Friedenszeiten geburtsständische Schranken den Aufstieg tüchtiger, aber nichtadeliger Offiziere verhinderten, trat in Kriegszeiten das Leistungsprinzip als Beförderungskriterium in den Vordergrund. Und Leistung war vor allem im Kleinen

Krieg gefragt, einer im 18. Jahrhundert kriegsentscheidenden Kampfart. Da Infanterie und Kavallerie als eine Domäne des Adels galten, blieben Offizieren bürgerlicher Herkunft nur Artillerie, Ingenieurtruppen oder leichte Truppen, um zu höheren Chargen aufzusteigen. Der Preußenkönig ordnete auch an, daß bürgerliche Elemente, die in Kriegszeiten in der Armee als Offiziere aufgerückt waren, in Friedenszeiten aus jenen Regimentern wieder entfernt werden sollten, in denen er den „esprit de corps" erhalten wissen wollte.

Die leichten Truppen, die nicht zur Kavallerie zählten, wurden samt ihren Offizieren „über die Achsel angesehen", besonders von Leuten, die aus ihren Quartieren heraus Krieg führten. Man sah in ihnen eine Truppe von unternehmungslustigen Abenteurern, denen auch grundsätzlich die Heiratserlaubnis versagt wurde. Friedrich II. vertrat die Auffassung: „Der Husar solle sein Glück durch den Säbel machen, und nicht durch die Scheide." Aber auch wenn den leichten Truppen von seiten der regulären Armee eine gewisse Geringschätzung entgegengebracht wurde, war man im Siebenjährigen Krieg vermehrt auf sie angewiesen.

Ein Zeitgenosse Luckners schrieb: „Nichts destoweniger leisteten alle leichten Truppen bey derselben sehr gute Dienste: einige gehörten offenbar zu den besten, die man sich nur denken konnte; und selbst diejenigen, bey deren Zusammensetzung angar keine Auswahl gedacht wurde, haben bisweilen wunderwürdige Dinge gethan. Dazu kam nun noch die ausnehmende Geschicklichkeit und Thätigkeit einiger Anführer derselben: eines Luckners, eines Riedesels, eines Scheithers ... Dies gab den leichten Truppen der Alliirten ein entschiedenes Uebergewicht über die französischen, welches dem Heer allerdings sehr grosse Vortheile verschaffte."

Die Taten Luckners waren damals in aller Munde. Auch die französische Seite schätzte die Qualitäten ihres Gegners: „Luckner, ein berühmter Partheygänger . . . ist einer von den besten Generalen der alliierten Armee, der durch seine Lebhaftigkeit uns zu beunruhigen, und vorzüglich bey unsern übereilten Retiraden, den Krieg am besten benutzt hat. Unter den übrigen Generalen dieser Armee waren die Engländer zwar Männer von Herz, aber ohne die mindesten Talente, und die Deutschen, zwey oder drey ausgenommen, die wahre Verdienste hatten, schwerfällige Ignoranten und grosse Trunkenbolde."

Im Februar 1760 unternahm General du Blaisel den Versuch, Luckners Stellungen zu überrumpeln. Das Unternehmen scheiterte jedoch an der Wachsamkeit des Husarengenerals und die Franzosen mußten sich wieder unverrichteter Dinge zurückziehen.

Im März führten Luckners Streifzüge wieder in die Gegend von Fulda, um einem Einmarsch der Reichsarmee zuvorzukommen. Am 18. März stand er mit seinem Regiment plötzlich vor den Toren der Stadt. Er zwang den Fürstabt, 36 000 Gulden zu bezahlen und für den von den Franzosen in Marburg, Hanau und Hersfeld angerichteten Schaden aufzukommen. In Luckners Hände fielen auch gewaltige Vorräte an Tuch und Leinwand für militärische Zwecke. Außerdem hob er in der Umgebung der Stadt 2000 junge Leute für den Kriegsdienst aus. Auch in der Armee des aufgeklärten Absolutismus war es durchaus üblich, daß die Mannschaften zu den Waffen gepreßt oder aus den unteren Bevölkerungsschichten rekrutiert wurden. Selbst Deserteure und Kriegsgefangene wurden zur Truppenergänzung herangezogen.

Nach der Aktion gegen Fulda zog Luckners Regiment nach Amoeneburg, wo es Stellung bezog. Von hier aus machte es Streifzüge in der Absicht, die Nachschublinien der feindlichen Truppen zu stören und Magazinvorräte zu vernichten. Die französische Armee brauchte damals jeden Tag für ihre Pferde 100 000 Rationen, weshalb fast täglich 13 000 bis 15 000 Mann zum Fouragieren ausgeschickt werden mußten. In den völlig ausgezehrten Landstrichen wuchsen daher die Verpflegungsschwierigkeiten immer mehr.

Am 24. Mai 1760 überfiel General Luckner mit seinen Husaren und 300 Grenadieren und Jägern zu Fuß die französische Garnison von Butzbach, die Oberst Waldner von Freundstein mit 500 Mann besetzt hielt. Er verjagte sie aus dem Ort und verfolgte sie bis vor die Tore von Friedberg. Nach Butzbach zurückgekehrt, machten sich seine Husaren über 30 Fässer Wein her, die im Magazin gelagert waren. Mit 100 Gefangenen, 120 Pferden und schwer mit Beute beladen kehrten sie dann zu ihrem Standquartier zurück. Die Plünderung von Butzbach hatte jedoch ein Nachspiel. Eine amtliche Untersuchung, die dem Herzog Ferdinand übergeben wurde, bestätigte die „gewaltsame, rohe und räuberische Plünderung bei 128 Bewohnern" von Butzbach. Der entstandene Schaden wurde auf 11 000 Gulden geschätzt. Luckner wehrte sich gegen diese Beschuldigung und der Herzog war geneigt, den Einwohnern unter bestimmten Voraussetzungen den Verlust zu ersetzen bzw. die Entschädigungssache an das englische Parlament weiterzuleiten.

Welche Konsequenzen nun tatsächlich aus der Untersuchung gezogen wurden, verraten die Akten leider nicht. Tatsache aber war, daß zu dieser Zeit in der alliierten Armee die Disziplin deutlich nachgelassen und Exzesse und Unordnung sich breitgemacht hatten. Zwar wurden die Soldaten angehalten, die Bevölkerung bei Märschen und Einquartierung zu schonen, da der Krieg als eine Sache der Obrigkeit und nicht der Untertanen angesehen wurde. Doch in der täglichen Praxis blieben sie die Leidtragenden. Gleichwohl galt das Plündern in den Armeen des Absolutismus als ein tadelnswertes Verhalten, das allenfalls bei den leichten Truppen hingenommen wurde. So wurde auch den Freikorps mehrfach zugestanden, sich ihren Lebensunterhalt oder zusätzliche Einkünfte durch Plündern und Beutemachen zu verschaffen.

Im Juni wollte ein feindliches Kavalleriekorps von 2000 Mann die Stadt Fritzlar überfallen, wo Herzog Ferdinand ein großes Fouragemagazin mit einer Feldbäckerei eingerichtet hatte. General Luckner traf gerade noch rechtzeitig mit seinem Husarenregiment und zwei Regimentern Kavallerie ein, um den Angriff abzuwehren. Er warf das Korps mit solcher Heftigkeit zurück, daß es keine Zeit mehr fand, Magazin und Bäckerei zu zerstören. Herzog Ferdinand dankte dem General „aufrichtigst für die grosse promtitude welche Sie bewiesen haben, Fritzlar zu degagiren", und berichtete dem Preußenkönig erfreut von diesem Erfolg.

Die Freude des Herzog über die Rettung seiner Magazine war um so verständlicher, als ein Verlust der Verpflegung größere militärische Operationen erschwert, wenn nicht sogar verhindert hätte.

Wegen der Größe der Armeen war eine Verpflegung vom Lande, in dem man sich aufhielt, nicht mehr möglich. Man war also dazu übergegangen, an strategisch günstigen Punkten Magazine einzurichten. Das wirkte sich wiederum auf die Beweglichkeit der Truppe aus. Friedrich II. sagte deshalb auch: „Nicht ich kommandiere, sondern Mehl und Fourage." Das Heer durfte sich nicht weiter als fünf Märsche von seinem Magazin entfernen, sonst war die Verpflegung nicht mehr gewährleistet. Die Feldbäckerei sollte sich in der Mitte, zwei Märsche von der Armee, drei vom Magazin entfernt, befinden. Das in der Feldbäckerei gebackene Brot war nur neun Tage genießbar. Alle fünf Tage konnten die Truppen frisches Brot erhalten, stellt man Hin- und Rückfahrt, Auf- und Abladen und einen Tag Ruhe in Rechnung. Wenn aber anhaltender Regen die Wege unpassierbar machte, mußten die Soldaten hungern. Geheimsekretär von Westphalen beschrieb diesen Zustand in der Regenzeit: „Im Angesicht der Magazine und Backanstalten fing das Heer an, Not zu leiden. Die Brotwagen brauchten zu einem Wege von einer Stunde Tage und Nächte und hatten dann noch unterwegs die Hälfte der Ladung abwerfen müssen."

Für einen Feldherrn mußte es deshalb wichtiger sein, die Magazine des Feindes zu zerstören, als ihn in einer Schlacht zu besiegen, von der er sich wieder erholen konnte. Die leichten Truppen aber waren das geeignete Instrument, um solche Aktionen gegen die Nachschublinien und Magazine des Feindes durchzuführen. Das machte sie so wichtig für die damalige Kriegführung.

Nachdem General Luckner das Magazin von Fritzlar gerettet hatte, sollte er die linke Flanke der alliierten Armee decken. Zu diesem Zweck erhielt er das Kommando über ein Korps, das aus mehreren tausend Mann verschiedener Waffengattungen bestand. Herzog Ferdinand besaß so großes Vertrauen in Luckners militärische Fähigkeiten und Erfahrung, daß er ihm bei der Umsetzung seiner Befehle freie Hand ließ.

Am 6. Juli machte der französische General Chabot mit einer überlegenen Einheit einen Vorstoß. Luckner trat ihm mit seinem Regiment, fünf Schwadronen schwerer Kavallerie und zwei Bataillonen Infanterie entgegen und zwang ihn nach einem heftigen Gefecht zum Rückzug.

Mitte Juli 1760 hatte der Erbprinz ein feindliches Lager ausgemacht, das in einem Tal bei Emsdorf aufgeschlagen war, gut gedeckt von bewaldeten Hügeln. Während das Korps unter dem sächsischen General Glaubitz gerade das Frühstück einnahm, griff es der Erbprinz am linken Flügel überraschend an. Gleichzeitig marschierte General Luckner, der sich bis dahin in einer Senke verborgen gehalten hatte, auf die Höhen und attackierte den Feind am rechten Flügel, wo das Regiment Berchiny stand. Luckner hielt erst eine Generalsalve aus Gewehren und Kanonen aus und zersprengte dann den Feind. Das Regiment Berchiny wurde fast gänzlich gefangengenommen, darunter auch Generalmajor von Glaubitz sowie der Brigadier Prinz von Anhalt. Luckner erbeutete die gesamte Equipage, Geschütze und Zelte.

Am 19. Juli ging General Luckner vor Marburg in Stellung, in der Hoffnung, diese Festung zu überrumpeln. Als er aber die starke Garnison in Bereitschaft fand und gleichzeitig ein Korps unter General Stainville gegen ihn vorrückte, zog er es vor, auf sein Vorhaben zu verzichten. Ohne Verluste zu erleiden, machte er sich auf den Rückmarsch.

Im August stieß ein ansehnliches französisches Korps in die hannoverschen Lande vor. Luckner meldete dem Herzog

Ferdinand seine Beobachtungen und erhielt von diesem den Auftrag, dem Feind auf den Fersen zu bleiben. Der Herzog sagte weitere Verstärkung zu und schrieb, voll Vertrauen in Luckners Fähigkeiten: „Der Herr General werden ihr möglichstes thun, dem Feinde alle erdenkliche Hindernisse im Weg zu legen; ich lasse Ihnen desfalls völlig freie Hände, und bin wohl versichert, dass Sie alles thun werden, was möglich ist."

In diesem Brief vom 6. August erwähnte Herzog Ferdinand auch eine Unsitte, die bei den Freikorps eingerissen war. Diese ließen Teile ihrer Mannschaft im Depot stehen und schickten sie nicht an die Front, d. h. ihre Soll-Stärke existierte nur auf dem Papier. Die Klage des Herzogs darüber war wohl auch als Anspielung auf Luckners Husarenkorps zu verstehen: „Ich befürchte, dass interessirte Absichten mit unterlaufen, und dass dieser oder jener mehr wünschet, von den Vacanzen zu profitiren, als dem Könige und dem Vaterlande zu dienen. Sollte ich keine Änderung darunter spüren, so werde ich es dem König anzuzeigen mich gemüssiget finden."

Als die Franzosen Einbeck besetzten, rückte Luckner mit seinen leichten Truppen in den Sollinger Wald und den Harz vor, um dem Prinzen Xavier das weitere Vordringen zu verwehren. Vom Ausgang dieses Unternehmens unterrichtete Herzog Ferdinand den englischen Hof: „Dem General von Luckner ist dies vortrefflich gelungen, indem derselbe die feindlichen Detachements, welche bereits bis Einbeck vorgedrungen waren, nicht nur zurückwarf und hiebei eine bedeutende Anzahl Gefangene machte, sondern gestern früh auch ein ganzes Detachement von 332 Mann bei Nordheim gefangen nahm. Da ich im Begriffe stehe, denselben noch mehr zu verstärken, so schmeichle ich mir in der Hoffnung, daß er im Stande sein werde, den Streifereien des Feindes im Innern des Landes Einhalt zu thun."

Am 27. September 1760 konnte Herzog Ferdinand an den englischen Hof schon Positives vermelden: „Herr von Luckner hat seitdem einen Vortheil über ein feindliches Cavallerie-Detachement erfochten, welches er am 23. in der Nähe von Nörten geschlagen hat. Ein Oberstlieutenant, mehrere Subalternofficiere und 107 Dragoner wurden bei dieser Gelegenheit gefangen genommen."

Als der Herzog Ferdinand im November die Franzosen aus Göttingen vertreiben wollte, wurde Luckner mit der Führung der Avantgarde betraut. Nach einem kurzen Gefecht bei Giebelhausen griff Luckner Schloß Arnstein an, beschoß es und ließ es stürmen, jedoch ohne Erfolg. Der Herzog gab die Belagerung von Göttingen wieder auf, ließ Luckner aber mit 4000 Mann weiter in der Umgebung streifen, wo er den Franzosen sehr lästig wurde. Sie wollten deshalb seiner habhaft werden und zogen aus verschiedenen Standorten und Garnisonen Truppen zusammen, welche am frühen Morgen des 23. Dezember Heiligenstadt umzingelten. Dort glaubten sie, Luckner in der Falle zu haben.

In seinem Bericht an den englischen Hof beschrieb Herzog Ferdinand die Aktion: „Der Generalmajor von Luckner wurde am 23. von einem 10 000 Mann starken französischen Corps unter dem Commando des Grafen von Broglie, eines Bruders des Marschalls, bei Heiligenstadt angegriffen, und da er nur 3 oder 4000 Mann besass, sogleich von allen Seiten eingeschlossen; da die Feinde sämmtliche die Stadt umgebenden Höhen besetzt hatten und ihn auf diese Weise von der Ruhme abschnitten, so blieb ihm nichts Weiteres übrig, als die Straße von Witzenhausen einzuschlagen, auf welcher eine der feindlichen Colonnen angekommen war. Der Feind, welcher einen ähnlichen Entschluß von seiner Seite nicht erwartete, vermochte anfänglich seine wahre Absicht nicht zu errathen, und liess ihm Zeit, eine sehr vorteilhafte Anhöhe zu gewinnen. Herr von Luckner benutzte dies, um seine Truppen zu formiren, worauf er den Feind heftig mit seiner Artillerie zu beschiessen begann, während er unterdessen sein Gepäck gegen Scharfenstein abziehen liess; er folgte dann mit seinem ganzen Corps, ohne einen einzigen Mann während des Rückzugs zu verlieren; diese verunglückte Expedition kostete dem Feinde über 300 Mann an Todten, Verwundeten und Ueberläufern; wir haben einen Officier und 34 Milizsoldaten verloren, welche in der Stadt zurückblieben. Herr von Broglie hielt es nicht für rathsam, dort zu verweilen, worauf ich alsbald wieder Besitz davon ergreifen liess."

Herzog Ferdinand berichtete auch dem Preußenkönig von Luckners mißglückter Gefangennahme. Die rasche Entschlossenheit und das kaltblütige Handeln in schwierigen Situationen, die den Husarengeneral auszeichneten, machten die Runde. Bald ging seinem Regiment ein legendärer Ruf voraus und das Vertrauen Herzog Ferdinands in Luckners militärische Fähigkeiten wuchs weiter. Wieder erhielt General Luckner das Kommando über die Vorposten zur Deckung der Winterquartiere und zu diesem Zweck sechs Schwadronen schwere Kavallerie, drei Bataillone Infanterie und eine Abteilung Jäger als Verstärkung zugeteilt.

Als die bei Northausen stationierten preußischen Truppen angegriffen wurden, eilte ihnen Luckner am 25. Januar 1761 zu Hilfe. Doch der Überfall war bereits gelungen. Die Franzosen hatten ein Freibataillon aufgehoben, viele Gefangene gemacht und sich dann eiligst zurückgezogen. Luckner setzte ihnen sofort nach, konnte sie aber nicht mehr einholen.

Anfang Februar brach Herzog Ferdinand mit der Armee auf, um die Franzosen in ihren Winterquartieren zu überraschen. Generallieutenant von Spörcken, einer der fähigsten Generäle der alliierten Armee, befehligte die Kolonne des linken Flügels, deren Avantgarde Luckner mit seinen leichten Truppen führte. Am 17. Februar griff General Luckner Eisenach an, zwang es zur Übergabe und erbeutete das Magazin. Er verfolgte das französisch-sächsische Korps und konnte noch 40 Mann und zwei sächsische Offiziere gefangen nehmen. Am 18. Februar machten die Truppen Luckners Rast. An diesem Tag liefen über 100 Deserteure, teils Sachsen, teils Schweizer, zu ihnen über. Am nächsten Tag drang das Korps Luckners, verstärkt durch vier Schwadronen, bis nach Vacha vor, wo man die Brücke verbarrikadiert fand. Luckner ließ zum Angriff blasen und zwang den Feind um Mitternacht, die Stadt aufzugeben.

Als Friedrich II. davon erfuhr, daß das Korps von Stainville bei Vacha von Luckner zersprengt wurde, schrieb er an Herzog Ferdinand mit aufmunternden Worten: „Ich halte ihre Lage keineswegs für so schlimm, als Sie dieselbe ansehen. Nachdem Sie dem Feinde die bedeutendsten Magazine weggenommen haben, so glaube ich nicht, dass derselbe, da er keine Subsistenzmittel mehr besitzt, wieder umkehren werde." Der Preußenkönig empfahl ihm daher, eine Schlacht zu vermeiden, da Marschall von Broglie nach dem Verlust seiner Lebensmitteldepots gezwungen sei, die Schlacht zu suchen. Der Herzog solle sich ganz Hessens bemächtigen: „Ist dieses Ziel erreicht, so haben Sie so ziemlich Alles geleistet, was man von Ihnen erwarten kann."

Friedrich II. von Preußen. *Kupferstich von Chodowiecki, 1777.*

Die alliierte Armee drang nun in Hessen ein. Luckner führte die Vorhut des linken Flügels mit Umsicht und Entschlossenheit und vertrieb die Nachhut des Marschalls Broglie aus der Gegend von Fulda.

Luckner konnte bald in die Stadt einrücken und nahm dort eine Grenadier-Kompagnie des freiwilligen Regiments Dauphin gefangen. Das Heumagazin hatte der Feind bereits verbrannt, doch waren in der Stadt noch beträchtliche Fouragevorräte sowie Lebensmittel aller Art zurückgelassen worden. Der alliierten Armee kamen die angehäuften Vorräte sehr zustatten.

Luckners Verdienste fanden bei Generallieutenant von Spörcken, dessen Vorhut er geführt hatte, große Anerkennung. Spörcken teilte sein Urteil über Luckner verbunden mit einem großzügigen Angebot dem englischen König Georg III. mit. Dieser war dem am 25. Oktober 1760 verstorbenen Georg II. nachgefolgt.

General Spörcken schrieb: „Ich erachte es als meine Pflicht zu sein, der ausnehmenden Fähigkeit und Bravour, und rühmlichen Diensteifer des General-Major v. Luckner Gerechtigkeit wiederfahren zu lassen. Ich habe denselben bei meiner bisherigen Expedition genauer kennen lernen und an ihn gefunden, dass er nicht nur die Eigenschaften eines Commandanten leichter Truppen besitzt, und sein unterhabendes Regiment in sehr gutem Stande unterhält, sondern auch die schwere Cavallerie wohl zu gebrauchen weiss. Selbst die Feinde kennen seine Stärke und fürchten ihn, und es sind ihm von einer großen Puissance ansehnliche Offerten geschehen, die er aber grossmüthig ausgeschlagen hat. Wollten demnach Ew. Königl. Majestät, da die leichten Truppen ohnehin die meisten Dienste thun müssen, und von deren Wachsamkeit das Wohl der Armee grösstentheils abhängt, in höchsten Gnaden geruhen demselben die Commandantschaft von Münden ohne alles Massgeben anzuvertrauen, so bin ich in tiefster Devotion erbötig selbige mit Allerhöchster Genehmigung abzutreten weil ich mich von dem Nutzen völlig überzeugt halte, den solchergestallt Ew. Königl. Majestät von der Aufmunterung und Beibehaltung eines braven und erfahrenen Mannes sich fernerweit versprechen können."

Diese Empfehlung von General Spörcken war nicht nur ein Zeugnis seiner generösen Haltung, die nicht unbeträchtlichen Einkünfte aus der Kommandantur von Minden seinem Untergebenen zu überlassen, sie spiegelte auch die Hochachtung, die Luckner von manchen Vorgesetzten und auch von auswärtigen Mächten entgegengebracht wurde. Gleichermaßen schien sie anzudeuten, daß dem Aufsteiger an allerhöchster Stelle nicht die gebührende Anerkennung zuteil wurde. In seiner Antwort gab König Georg III. dem Generalmajor v. Luckner gnädig die Zusicherung, daß seine Dienste nicht vergessen werden sollten.

Anfang März erhielten die Franzosen vom Rhein her ansehnliche Verstärkungen und bereiteten eine Offensive vor. Die alliierte Armee, die zu schwach für eine Schlacht war, versuchte auszuweichen und ihre Truppenteile zusammenzuziehen.

Das Korps des Erbprinzen Karl Wilhelm Ferdinand von Braunschweig geriet am 21. März 1761 bei Grünberg in Hessen in eine ausweglose Lage. Von zwei Seiten bedrängt, verlor er 2000 Mann und 10 Kanonen. Es wäre von der französischen Übermacht wohl ganz aufgerieben worden, wenn nicht Luckner zu seiner Rettung herbeigeeilt wäre. Es gelang ihm, die Höhen von Grünberg mit seinen gemischten Verbänden zu besetzen und von dort — im Rücken der Franzosen — die Umklammerung mit seiner Artillerie zu lösen. Der Erbprinz konnte daraufhin den Rückzug antreten.

Luckners Leistung wurde allgemein gewürdigt und der Herzog Ferdinand betraute ihn mit der Führung der Nachhut. Die alliierte Armee zog sich zurück und es trat eine kurze Waffenruhe ein, allerdings nicht für Luckner und die leichten Truppen. Der Kleine Krieg ging unvermindert weiter.

Luckner brannte darauf, für die Schlappe von Grünberg Revanche zu bekommen. Der Herzog lobte die Haltung und stattete ihn mit zusätzlichen Einheiten aus. Luckner schien mit der angebotenen Verstärkung nicht recht zufrieden zu sein. Seine Antwort darauf war eine Mischung aus Unterwürfigkeit, Trotz und wirren Beteuerungen: „Eur Durchl. müssen sehr ungnädig auf mich worten sein, daß ich mehrmahlen zu der Expedition vor Göttingen komme, meine Bersohn macht sich in keinem Stück etwas daraus, alleinig ich bin, mit Verbeliebt ein verhungerter Mensch, unt die Genate die mir Euw. Durchl. thuen, so höre dass das Regiment von Jungermann ohnehin undienstbahr soll sein, ich weiss keinen andern Mojen, vor Chagrin muß ich krankh werden, bitte gantz unterthänigst Emploieren Euw. Durchl. mich gleich auf unt sagrifficiert mus werden, ist mir die Einzigste unt größte Genad! ... indessen lebe und sterbe die erste minute vor Euw. Durchl."

Als Luckner einige Tage später die versprochene Verstärkung zu Gesicht bekam, mußte er feststellen, daß diese kaum zu gebrauchen war: „Nun das regiment von Jungermann ist gäntzlich undienstbahr, so ein dergleichen verhungertes regiment an Pferde habe sein Tag nit gesehen; das regiment ist nit im Stante, einen march von 2 à 3 Stunte zu machen, legen sich alle Pferde, muß selbe dahero in 4 marchen nach Eimbeck nachkommen lassen!"

Anfang April sah sich Herzog Ferdinand veranlaßt, in einem Brief an die Königliche Kriegs-Kanzlei über die allgemeine Disziplinlosigkeit der leichten Truppen Beschwerde zu führen: „Das Regiment von Luckner ist in der gantzen vorjährigen campagne nicht ein einziges mal complet gewesen. Andere corps sind in eben dem Falle, und das ganze Uebel rührt von der dem Dienst so nachtheiligen Einrichtung der Vacanzen her. Wenige Chefs ziehen ihre Schuldigkeit, das beste des Dienstes zu befördern, ihrem leidigen Interesse vor, und daher entsteht das Uebel, dass, anstatt 11 mille Mann leichter Truppen bey der Armee zu haben, ich nie die Hälfte complet gehabt habe. Die regulären Truppen sind hiervon nicht ausgeschlossen, und die Begierde, Vacanzen zu ziehen, ist grösser und schädlicher, als man es glauben sollte. Ich weiss, dass die Chefs der Corps, Regimenter und Compagnien die Vacanzen als partem salarii ansehen; allein, könnte ihnen nicht sonst davor etwas bonificiret und dieses unbeschreibliche Uebel dagegen aufgehoben werden? Diese Einrichtung, Vacanzen zu ziehen ... sind unser grösster Feind. Ich kann unmöglich dazu stille schweigen, sondern halte mich verbunden, Ew. Exc. davon zu praevenieren, damit Dieselben selbst auf promte und zulängliche Mittel denken können, dem Uebel zu begegnen."

Ähnlich lautende Briefe erhielten auch die anderen Befehlshaber der leichten Truppen. Daß es um die Dienstauffassung und Disziplin bei Soldaten und Offizieren nicht gut bestellt war in dieser Zeit, belegen auch die Klagen Herzog Ferdinands gegenüber seinem Berater Westphalen: „Jetzt sind es 5 Tage, das die Pferde im Haubtquartier weder Haber, Stroh noch Heu erhalten haben ... Werden denn gar keine Anstalten gemacht, und arrangements meinen ordres gemäs vorgekehret? Es ist, Gott weis es, unverandtwortlich, und auf die Länge unausstehlich! Einer ist wider den Andern, und jedweder contercariret den andern. Auf solche Art ist es nicht möglich, das was Kluges zu erwarten stehet, noch dass man dessen sich zu versprechen hat. Wenn ein Fege-Feuer existiren könnte, so ist es die Situation, worinnen ich mich seiter der verflossenen und so glücklich geändigten Campagne von 1759 bis nunhero befinde. Alles was ich befehle, anordne, bitte, ersuche, flehe, ist ebenso als wenn ich es gar im Winde redete, und wird auf nichts mit Nachdruck reflectiret . . .“

Während man im Hauptquartier über die schlechte Versorgungslage lamentierte, lebte das Lucknersche Korps in dieser Zeit im Überfluß. Luckner berichtete dem Herzog am 12. April aus Einbeck, daß dort über 300 000 Rationen beste Fourage vorhanden sei und wunderte sich: „Woher kombt es, gelt ist konstant, so baldt sich die Königl. Regierung offeriert zu bezahlen wahr alles da . . . alleinig denen Engeländern wollen sie nichts geben, sie sagen, es wäre keine richtige Bezahlung . . . Haben Euer Durchl. noch einige Magere Regimenter, welche dorten keine four. und Brodt haben, nur zu mir, od. in meine gegent fourage und Brodt in abondantia, so reich bin ich mein tag nit gewest . . .“

Militärisch war die Lage in diesen Apriltagen ruhig und Luckner nützte die Gelegenheit und ließ sich für eine Reise nach Hamburg beurlauben, wo sich vermutlich seine Familie aufhielt.

Am 5. Mai 1761 überraschte General Luckner die Franzosen unter dem General Belsunce, als sie von einem Streifzug zurückkehrten. Er schlug sie in die Flucht und nahm ihnen 80 Mann und ebensoviele Pferde ab. Anfang Juni zog Herzog Ferdinand bei Warburg 20 000 Mann unter General von Spörcken zusammen. Luckner, der die Deckung der Weser übernehmen sollte, überfiel am 1. Juni die Franzosen in Northeim. Er nahm einen Oberst und 50 Mann gefangen und erbeutete 34 Pferde.

Bald aber mußte Luckner den Verlust eigener Soldaten beklagen, die ihm auf etwas kuriose Weise abhanden gekommen waren. Er hatte bei seinem Standort Werber anderer Einheiten geduldet, so z. B. vom Freikorps des Generalmajor Gschray, einem alten Bekannten aus seiner bayerischen Zeit: „Die Besswichter haben mich versichert, keine Leithe zu depouchiren, sondern nur deserteurs anzunehmen; göstert unt heute Nacht desertieren von meinem regiment all die schönste 24 Kerls mit völliger Equipage mit 7 der schönsten Granadiers aus der garnison . . . nun habe Zeit meines hiersein nur 2 deserter gehabt, auf einmahl ist mir das unglükh gekommen!"

Herzog Ferdinand ersuchte noch um weitere Beweise, daß der General Gschray hinter dieser Abwerbungsaktion stand: „Ich werde gewiss desfalls unverzüglich an des Königs Majestät Vorstellung thun, und Geschray so wenig als seine Werber sollen sich bey der armee aufhalten. Ich danke Ihnen inzwischen aufrichtig für die attention und den rühmlichen Eifer welchen Sie bey dieser Gelegenheit beweisen, sich sofort wieder zu completiren."

Mitte Juni lag Generalmajor von Luckner mit seinem Regiment in Einbeck. Er zweifelte, ob er sein selbstgestecktes Ziel erreichen und noch 1000 Gefangene in diesem Jahr machen würde. Dieser Gedanke ließ ihn nicht ruhen und am 15. Juni 1761, abends um 10 Uhr, schrieb er noch an den Herzog Ferdinand in seiner unnachahmlichen Art: „Ich bin curieus, ob der Brintz von Soubise unt Duc de Broglie, so seine Compagnie wie nunmehro will halten, noch 4 Wochen stihle; so sehe keine avantage vor sie, massen Ew. Durchl. in selbiger Zeit in die nembliche position stehen wir voriges Jahr unt vor zwei Jahren; alsdann sehe auch keine grausame desperate Campagne vor beyde Marchals. Unt ich bin begierig, meine 1000 Mann balde zu haben; wann es aber so continuiret, wie bis dato, so sehe zu meinem entzwecke nit zu kommen."

Der Herzog vermutete jedoch, daß bald ein französisches Korps in die hannoverschen Lande vorrücken werde und Luckner dann etwas zu tun bekäme: „Wenn solches geschieht, so halte ich Ew. Hochwohlgeb. bey Ihrem Wort, welches Sie mir wegen der 1000 Gefangenen gegeben haben."

Luckner wartete nicht auf Befehle, er ergriff selbst die Initiative und schlug dem Herzog einen Handstreich vor: „Ich gehe dieser Nacht mit meinem regiment unt 300 Pferden Cavalerie gegen Götingen, da ich vernohmen, dass sie die Oxen wiederumb auf den Mittag heraus auf die Weite treiben, lass ich selbe durch ein Commando Husaren weckh nehmen; Nun will ich sehen, ob der Feint selbe wiederumb will abnehmen, oder selbe verfolgen, so komm ich zum Tantz. Anders weiss ich gegenwertig nit anzukommen."

Herzog Ferdinand war meist hocherfreut über Luckners Einfälle und ließ ihm freie Hand bei der Umsetzung seiner Aktionen. Wie geplant zog Luckner mit seinem Korps nach Göttingen, ließ 50 Mann Kavallerie durch die Leine setzen, während der Rest in Deckung den Ausgang des Unternehmens abwartete. Die 80 fetten Ochsen, die von der französischen Besatzung von Göttingen als lebender Proviant gehalten wurden, kamen auf die Weide. Luckners Leute überrumpelten die Wachen und trieben die Ochsen mit sich fort, verfolgt von der alarmierten französischen Reiterei. Doch es sollte nicht ganz so klappen, wie General Luckner es beabsichtigt hatte: „Der feint kamb zu meiner freiten glückhlich ahn, unt avansirte mit seine bey sich habente ungefehr 500 pfert auf das schleinigste, hünter sich ungefehr 6 á 700 Infanterie ... Der feint folgte mir 1000 Schriet in aller fourie (leider Gott so bricht mein regiment los! so wahr alsdan kein anderer moyen, als ataquieren, wie es kombt, wir warffen zwar den feint über den Hauffen, unt bekamen 1 Capitain 24 Mann, die bis dato gezehlet seyn gefangen; von feinte sein auf der stehle dott gelegen 2 officier 13 Mann, unt mues sehr ville plesierte haben ... Enfain mann mues sich denckhen (es hat nit ands sein wollen)."

Als Herzog Ferdinand Luckners Bericht gelesen hatte, wollte er davon gleich eine Abschrift an den königlichen Hof nach London schicken: „Es ist gewis Schade, dass Ihr meditirter coup nicht ganz gelungen: inzwischen bin ich doch für die Enterprise selbst Ew. Hochwohlg. höchlich verbunden, und ist es mir überaus lieb, dass, da nicht alles glücken sollen, Dero Regiment so vielen guten Willen aus determination bewiesen hat: und zweifle ich nicht, dass bey einer so guten und rühmlichen disposition desselben ein anderes mal dasjenige völlig gelingen werde, was itzo nur zum Theil auszuführen möglich gewesen. Vergessen Ew. Hochwohlgeb. nicht, von meinetwegen, denjenigen Officiers, welche Sich dabei distinguiret haben, meinen verpflichteten Dank zu bezeugen."

Luckner bekam jetzt den Auftrag, die hannoverschen und braunschweigischen Lande vor den Streifereien der in diese Gegenden vordringenden starken feindlichen Kommandos zu schützen. Der Herzog verließ sich dabei auf Luckners Geschick und Glück. Truppenverstärkung konnte er ihm freilich nicht bieten. „Vor ietzo müssen sie sich helffen, so gut Sie können, und durch Ihre manoeuvres ersetzen, was Ihnen an Truppen abgehet."

Am 13. Juli 1761 griff General Luckner den Grafen Chabot an, der bei dem Dorf Sande lagerte, trieb ihn zurück über die Lippe und machte von dem Kavallerie-Regiment König 100 Gefangene. Luckner berichtete: „Meine hiesig gehabte gefangene von meinen Leithen habe sofort den feint zugesandt, die meinige haben nit mehr gehabt, die Conalien (Canaillen) haben selbe Ville zu fues lauffen lassen."

Luckner selbst verlor bei dieser Unternehmung zwei Rittmeister und sechs Mann an Verwundeten und Gefangenen. Er operierte bei seinen Aktionen zusammen mit den Husarenregimentern von Bauer, Freytag und Riedesel.

Mit Oberstlieutnant von Riedesel verband ihn eine tiefe Zuneigung und Kameradschaft, die sich auch in seinen Briefen offenbarte. Als der Herzog Ferdinand das Treffen von Vellinghausen am 15. Juli 1761 für sich entscheiden konnte, schrieb Luckner „voll Freide" über diesen Sieg um 1 Uhr nachts an den Oberstlieutenant von Riedesel: „O Jesus Mein, allerliebster Englischer Riedesel, alle beyde Brieffe kommen fast zugleich. Der letzte ist wohl von Freiden, dass ich nit weis, in welchen Thail der Welt ich bald gehen soll!"

Er heckte mit Riedesel einen Plan aus, „wie wir die Paderbörnschen Chiganieren können". Die Armee feierte an diesem Tag den Sieg mit einem Freudenfeuer. Auch Luckner und Riedesel hatten an diesem Tag Anlaß zum Feiern. Am 17. Juli konnten sie die Stadt Neuhaus nach einem äußerst lebhaften und mörderischen Kampf nehmen.

Luckner schilderte in seinem Bericht an den Herzog den Hergang des Gefechts: „Ich kam also ½ 8 Uhr mit meinem corps auf der Haide hinter Neuhaus an, arrangirte das Corps und nahm das erste Patalion Granadier zur attaque, hielt die andere 2 in Reserve zum soutien; ich forcierte mit dem ersten Patalion bereits den Posten bis auf die steinerne Brücke; selbe war zugemacht und der Feint wehrte sich hinter der Mauer sehr und auf denen Häusern! — Es wurde mir gemeldet, der Feind brächte das Lager bey Paderborn ab und avancirte mit einer Linie nach Neuhaus zu, welches auch wahr war. Ich liess sofort das 2. Granadier-Patalion anrükken umb die Borte auf der Brücke zu forcieren; ich wurde zu 3 Mal repoussiret, ich liesse nun das 3. Patalion Granadier anrücken. Endlichen zwangen selbe den Feint von der Brükken, und wir warfen den Feint ungefeht 12 Uhr Mittag aus Neuhaus. Ich besetzte also Neuhaus und liesse alle meine Cavallerie rechts und links von Neuhaus en front aufmarschieren. Ich wollte den Feint, (da ich sahe, dass alle Bäckerei und Wagens aus Paderborn fuhr) nochmalens attaquiren, alleinig der Feint brachte mir 6 12pfd. auf die Chosse und kannonirte mich sehr, ich kunnte also nit depouchiren, und ohnehin war mir der Feint schon mehr als 5 Mahl überlegen: ich sahe auch von weitem eine Colonne Cavallerie von Erwete her ankommen, weches nach Aussage der deserteurs das Regt. Nassau Husaren und 6 Cavallerie-Regimenter sollen seyn. Der Feint drunge göstern Nachmittag sehr ahn unter beständigem Kanonnieren, ich körte mich nit daran, sondern ich suchte mich zu soutiniren. Der Feint machte zu 3 verschiedene attaquen auf hiesigen Ort, wurde aber jedesmahl zurückgewiesen; alsdann wendete der Feint seine Kanonen auf meine Cavallerie und Husaren, nach wenigem Verlust liesse ich selbige in einen Wald rechts und links zurückziehen; worauf der Feint seine gäntzliche Kanonnade auf hiesigen Ort gerichtet, welcher so zugerichtet, dass fast kein Haus inclusive Schloss verschont ist worden; ... Die Kanonnade hat gedauert bis späthe Nacht, Eine Kanone ist von mir demontirt, alleinig munition manquiret mir, sowoll vor Leith als Kanonen; ... Mein Verlust bestehet: der Major Robertson plessiert und ungefehr 40 Granadier dott und plessirt. Gefangen vom Feint weis noch nit postive 150 oder mehr; aber über 50 liegen hier dott ... Wie lang ich noch hier stehen bleiben kann, ist mir unwissent, solches dependiret vom Feint. Mues ich zurückgehen, so marschire ich nach Ritberg! ich will aber mein Möglichstes thun; der feint hat gegenwärtig bey die 30 Escadrons: kann ich mich diesen Tag noch soutiniren und bekomme keine amonition, so ziehe ich mich heute Nacht nach Rittberg zurück, dann die Leithe stehen beständig untern Gewöhr, und der Feint manouvriret beständig, alleinig nahe vorn Laager, und auf die Lengte können es weder Leith noch Pferte aushalten ..."

In einem Nachsatz erbat Luckner noch für seine schwer mitgenommenen Soldaten ein Wort der Anerkennung: „Bitte Ew. Durchl. machen Ew. Durchl. dem Corps ein Compliment über die Contenance der Kanonnade ahn die Cavallerie, und sonderbar dass sich die Granadier distinguirt haben."

Herzog Ferdinand vermerkte zu diesem Wunsch Luckners: „Freylich, Ein grosses Compliment."

Am 19. Juli 1761, morgens um 5 Uhr, meldete sich Luckner noch einmal aus Neuhaus: „Ew. Durchl. können sich nit vorstellen, wie der Feint hier manoeuvriret, bald rechts, bald linkhs, und doch resolviret derselbe nichts gerad aus; so seye nun wie ihme wolle, indessen habe so vill gewohnen, dass der Feint noch ein Corps hat detagiren müssen nach Erwete, so vill haben Ew. Durchl. weniger auf'm Leib. Und gehe beym Tag nit ehenter von hier weckh, oder der Feint muss mich absolute fourciren. Gott erhalte nur Euer Durchl. und gebe dem Proglie noch ein mahl schlege."

Generalmajor Luckner mußte letztlich sein Korps aus Neuhaus abziehen und nach Rittberg marschieren lassen, nachdem der Druck zu stark geworden war. Er tat dies jedoch ohne Hast und der Rückzug konnte in geordneten Bahnen ablaufen, da der Feind in respektvoller Entfernung geblieben war. Luckner resümierte noch am 19. Juli in Rittberg: „Ich möchte einstens ein solches corps, wie Xaver gehabt, so in 36 Pathalion und 34 Escadron bestanden, gegen ein corps von 10 Escadron und 3 Pathalion haben so wie das meinige, und bin dem Feint damit in den 3ten Tag vor ihren Gesicht stehen geblieben; alles müsste ja mein sein, oder in die gantze Welt versbrengt sein!"

Herzog Ferdinand fand Luckners Aktion gelungen: „Die Enterprise auf Neuhaus ist meinen Ideen sehr gemäss ...", und auch der Rückzug hatte seine volle Zustimmung.

Er berichtete dem Preußenkönig begeistert von diesem Erfolg und gratulierte Luckner selbst in überschwenglichen

Worten: „Des Herrn General zeitherigen manoeuvres sind admirable: Ich kann Ihnen nicht genugsam bezeigen, wie höchlich ich davon zufrieden bin. Seyn Sie versichert, dass ich solche des Königs Majt. wie billig anrühmen werde, und nehmen inzwischen von mir die aufrichtige Versicherung der grossen Estime an, welche ich vor Sie hege. Denen braven Grenadiers und sämmtlichen Truppen, welche unter Ihrer ordre stehen, sagen Sie von meinetwegen den allerverbindlichsten Dank für den Eifer und die für bravour, welche sie bey allen diesen Gelegenheiten bewiesen haben. Ich werde es mir zur Freude und Schuldigkeit gereichen lassen, ihnen Merkmale von meiner Erkenntlichkeit zu geben, so öfters ich dazu Gelegenheit finde, und die Hrn. Officiers können versichert seyn, dass ich ihre rümliche conduite Sr. Majt. gewiss nicht unbekannt lassen werde."

Für die Franzosen war es im Juli immer schwieriger geworden, genügend Nachschub heranzuschaffen und der Mangel trieb sie aus ihren sonst günstigen Positionen. Ihre Lage wurde nicht besser, als General Luckner ihnen das große Magazin bei Höxter wegnahm. Dort lagerten 5780 Säcke Korn und Mehl neben vielen anderen Vorräten.

Ein französisches Korps unter dem Prinzen Xavier war mittlerweile an Paderborn herangerückt, um die dortige Feldbäckerei zu schützen. General Luckner, der den Auftrag erhielt, die Stärke und die Stellungen des Gegners auszukundschaften, schilderte dessen schlechte Versorgungslage: „Mein lieber Riedesel, was will es den mit allen denen Kerls zu letzt werden. Deserteure sagen mir, dass sie kein brot mehr bekommen, sondern nichts als Zwiback; fouragieren müssen sie 5 á 6 stunt zurückwerts, es waar alles desperat und gästernt sein 15 Dragoner und reiter mit ihrigen pferten ankommen."

Ende Juli verließen die Franzosen Paderborn. Mit seinem Korps blieb General Luckner ihnen auf den Fersen, immer auf der Lauer nach einer günstigen Gelegenheit zum Überfall. „Ich ataquiere, was ich fünte", schrieb er an Riedesel. Und er hielt Wort: Am 30. Juli griff er bei Lippspringe die Nachhut von Broglies Armee an. Er hieb 60 Mann nieder und machte 1 Major, 3 Capitains, 2 Offiziere und 68 Mann zu Gefangenen. Auch zwei Amüsetten, kleine Geschütze, fielen in seine Hände.

„Ich gratulire Ihnen von Grund meines Herzens zu dem gemachten schönen coup von Lipspringe", beglückwünschte ihn Herzog Ferdinand. Er bestärkte ihn auch in seiner bisherigen Taktik und empfahl: „So wie der Feind sich bewegen wird, demselben immer auf der Flanque bleiben, und nach Möglichkeit allarmiren werden. Je mehr Sie Ihre leichte Truppen vorwerts poussiren können, je angenehmer wird mir es seyn."

General Luckner hatte häufige Scharmützel mit dem Feind, die aber gewöhnlich zu seinem Vorteil ausfielen.

Luckner machte nun seine Streifzüge auch auf dem rechten Ufer der Weser und war dort zusammen mit dem Oberst Freitag sehr erfolgreich. Im August 1761 verstärkte Herzog Ferdinand das Lucknersche Korps mit drei Grenadier-Bataillonen, zwei Kavallerie-Regimentern, einem Husarenregiment, zwei Bataillonen Infanterie mit acht Sechspfünder-Kanonen, die aus der Festung Hameln abgezogen wurden. Mit dieser Streitmacht sollte Luckner zusammen mit den drei Jägerbrigaden von Oberst Freitag im Solling operieren, tief im Rücken des Feindes. Der Befehl Herzog Ferdinands lautete: „Meine übrigen mouvements erfordern, dass der Vicomte von Belsunze attaqiret und aus dem Solling delogiret werde. Ich hoffe, solches werde mit succes geschehen ... So bald der Herr General wieder Meister von Holzminden, Dassel und Fürstenberg seyn werden, überlasse ich es Ihrer prudentz und Krieges-Erfahrenheit verstellet, entweder auf Höxter etwas zu teniren, wenn Sie über die Weser kommen können, oder aber tiefer in den Solling herein zu marschiren und des Feindes communication zu interrumpiren."

Am frühen Morgen des 13. August 1761 brach Luckner von Blomberg auf. Nach einem Gewaltmarsch von 14 Stunden bei strömendem Regen marschierte er am nächsten Tag in Richtung Dassel weiter, ohne daß der Regen nachließ. Als das Korps Erichsburg erreicht hatte, stieß es auf feindliche Vorposten und auf ein 600 Mann starkes Regiment Dragoner, das eben im Begriffe stand, das Dorf Markoldendorf zu besetzen. Über den nun folgenden Angriff der Luckner-Husaren berichtete Herzog Ferdinand nach England: „was mit solcher Tapferkeit und solchem erfolge ausgeführt wurde, dass nur ein einziger Officier mit 10 Pferden zu entkommen vermochte, der Rest aber theils getödtet, theils verwundet oder gefangen wurde; die ganze Equipage der Officiere fiel in unsere Hände. Herr von Belsunce zog sich in Eile gegen Uslar zurück, und führte, als Luckner ihm am nächsten Tage nachsetzte, seinen Rückmarsch bis Adelepsen fort".

Luckner selbst verfaßte noch in der Nacht des 14. August einen Gefechtsbericht, in dem er auch über verpaßte Gelegenheiten klagte: „Ich war der Meinung, der Feind wollte was gegen unsere Leuthe detachiren! ich commandirte im wehrenten March mein Regiment allein dagegen, mit der ordre, wie möglichst darauf zu choquen; solches geschah auch mit einem solchen Effect, so mancher Kerl, so mancher gefangen mit... In wehrtenter Zeit avancirte ich mit denen übrigen leichten Trouppen gegen Dassel, gewahne die Anhöhe, sbrengte auf Mons. Pelsunce los, ... er kame in eine solche Confusion, dass der Vicomte beriets in 3 Theil wurde dispersirt; alleinig mein Unglükh wahr so gross, erstlich kunnte keine infanterie nachbringen wegen den jnfamen Wetter, so mir in einen entsetzlichen Regenwetter einfiehle und der Abent so mir ankame! — Enfin, wer kann alles zwingen, wann ein maleur dazu kombt, von schlechten Wetter, die arme infanterie ist bereits heut nochmahl über 12 Stunt marchiert unt die Leuthe und schweren Kanonen sein noch nit hier ... Es ist zu vill Regen, und dunkhel; ... wir sein alle marode, sonsten hätten wir mehr gethan."

Luckner marschierte weiter nach Dassel und dann nach Uslar, wohin sich die Franzosen zurückgezogen hatten. General Belsunce fühlte sich dort sicher in der Annahme, daß Luckner sich nie so weit wagen würde, weil er somit in Gefahr käme, durch ein französisches Korps von seiner Armee abgeschnitten zu werden. Doch Luckner wagte es. Uslar liegt mit einigen Dörfern in einer freien Senke, die durchzogen ist von Hohlwegen und vom Sollinger Wald umschlossen wird. Durch diesen Wald läuft der Weg von Dassel, der erst kurz vor Uslar den Wald verläßt. Diesen Wald hatte General Belsunce, der sonst zu den besten französischen Parteigängern gerechnet wurde, nicht besetzt. So kam das ganze Korps des General Luckner am Waldrand an, ohne entdeckt zu werden. Luckner schickte daraufhin den Oberst Freitag mit seinen Jägern links durch den Wald in die rechte Flanke der Franzosen und trug ihm auf, sich in Deckung zu halten und den Hauptangriff abzuwarten. Nach rechts ließ Luckner die drei Grenadierbataillons und die Braunschweigischen Husaren marschieren. Sie sollten den Franzosen weit in die linke Flanke kommen und von dort rasch angreifen und den Feind den Freitagschen Jägern in die Hände treiben. Dieser Angriff von beiden Flanken sollte in der Mitte durch den

Stoß der Lucknerschen Hauptmacht unterstützt werden. Nachdem die Vorbereitungen getroffen waren, sprengte die Kavallerie aus dem Wald, trieb die feindlichen Vorposten zurück und schickte Plänkler vor. Die Infanterie blieb noch in der Deckung des Waldes, denn der eigentliche Angriff sollte erst stattfinden, wenn die anderen Abteilungen ihre vorgegebenen Positionen eingenommen hatten. Wegen des großen Umweges würde dies jedoch zwei Stunden in Anspruch nehmen. Nach Ablauf dieser Zeit ließ Luckner die Infanteriebataillone aus der Deckung marschieren und vor dem Wald Aufstellung nehmen, um die Aufmerksamkeit des Feindes von den Flanken auf sich zu ziehen. Der Feind war zum Widerstand entschlossen und nahm ebenfalls Aufstellung. Als aber die Grenadiere an der linken Flanke auftauchten, wollte er sich eilig nach Uslar zurückziehen, fand aber den Weg versperrt. Die Braunschweigischen Husaren holten die Flüchtenden ein und nahmen viele gefangen. Die französische Artillerie konnte auf einer Anhöhe hinter dem Dorf in Stellung gehen und das Feuer eröffnen. Um aus dem Schußbereich der Kanonen zu kommen, stürmte die Infanterie die Anhöhe hinauf. Die Franzosen aber warteten den Angriff nicht ab, sondern wichen in den Wald aus. Zu ihrem Glück waren die Freitagschen Jäger noch nicht auf ihren Posten angelangt, was sie vor der völligen Niederlage bewahrte.

General Luckner klagte in seinem Bericht an den Herzog Ferdinand: „Ich machte indessen meine arrangements, den feind en front in zwei Colonnen zu attaquieren ... ich forcirte mit Gewalt mit allen leichten Truppen den Pelsunce auf'n Leib, (denn er wartete niemahlens so lang, dass ich ihm die Infanterie und Cavallerie kunnte anbringen, sondern er zog sich allezeit schleinigst zuruckh), wir aber glaubten, der Vogel wäre nun gefangen; so mussten wir mit unserm Leidwesen sehen, dass die Jäger ihre Schuldigkeit nit in geringsten gethan ... Enfain ich bin voll Chagrin, dass mir meine woll gemeinte Sache misslungen, und zwahr aus Fehler der Fuss-Jägers; o ihr barmherzige Fuss-Jägers, sie sein die alte Jäger nit mehr!"

Obwohl Luckners Falle nicht ganz zugeschnappt war, weil die Jäger und die Artillerie wegen der völlig verschlammten Wege nicht rechtzeitig an Ort und Stelle waren, um den Umklammerungsring zu schließen, konnte er doch einen vollen Erfolg verbuchen. Dies war auch die Meinung Herzog Ferdinands: „Ich gratulire Ew. Hochwohlgeboren von Herzen zu dem admirablen und magnifiquen Anfang Ihrer Expedition. Meine Erkenntlichkeit gegen Sie ist unendlich. Seyn Sie versichert, dass ich nichts mehr wünsche, als Ihnen Merkmale meiner ausnehmenden Hochachtung geben zu können. Ich werde inzwischen des Königs Majestät nicht unbekannt lassen, dass Sie Ihren schon längst erworbenen Ruhm von neuem durch eine so schöne action vergrössert haben."

In einem nachträglichen Bericht machte Luckner dann seine Erfolgsliste noch komplett. Ein Brigadier, vier Capitains und hunderte Soldaten vom 1. Bataillon von Jenneret waren ihm in die Hände gefallen. Außerdem konnte er 40 Wagen, beladen mit Mehl, erbeuten. Doch das war nicht alles. Das 2. Schweizer-Bataillon Jenneret wurde in der folgenden Nacht zersprengt und ein Oberstlieutenant, acht Capitains, 18 Lieutenants und über 300 Mann gefangen genommen. Luckner erbeutete sämtliche Fahnen, Sold und das starke Magazin von Uslar. Er schrieb deswegen an den Herzog Ferdinand: „Nun sei er in seiner summa von 1000 Mann lange übercomplet, werde aber das Certificat nach der Ranzion von Griesebach einsenden." Gleichzeitig bat er seinen

Oberfehlshaber, „da er ohnehin der älteste General Major der Cavallerie sei, ihn gnädigst bei Sr. Königl. Majestät mit einem avancement in Vorschlag zu bringen".

Herzog Ferdinand meldete Luckners Taten auch nach England und er äußerte sich voller Lob über seinen Parteigänger. An Luckner selbst schrieb er: „Und wiederhole hiermit meine gratulation zu ihren bishero gemachten progressen. Ich bin völlig versichert, Ew. Hochwohlgeb. werden fortfahren, mit eben dem Eifer und eben der activite zu agiren, als Sie bisher gethan haben. Ich meiner Seits werde es mir eben so sehr zum Vergnügen gereichen lassen, als ich es als eine Schuldigkeit zu seyn ermesse, Ihnen bey dem Könige die verdiente Gerechtigkeit widerfahren zu lassen."

Als König Georg von Luckners glücklicher Aktion erfuhr und die erbeuteten Fahnen erhalten hatte, schrieb er am 11. September 1761 an Herzog Ferdinand: „Ich bezeuge dafür meine verbindlichste Danksagung, und ersuche vermeldetem General-Major Meine vollkommene Zufriedenheit von seinem bei Gelegenheit Zeigenden so stattlichen Diensten zu versichern, wie ich derselben, und Ewr. Lbden Recommendation mehrerwehnten General-Majors allemahl gerne eingedenk seyn werde."

Als auf die schönen Worte keine Taten folgten, wurde Luckner ungeduldig. Er hatte in diesem Jahr bereits über 1200 Gefangene gemacht und erwartete eine Beförderung.

Nachdem General Luckner den Sollinger Wald von Feinden gesäubert hatte, ließ er seine arg strapazierten Truppen ausruhen und hielt sich im Wald versteckt. Sobald Marschall Broglie die Nachricht von Luckners Marsch erhalten hatte, schickte er den Prinzen Xavier mit einem starken Korps los, um den General Luckner zu vertreiben. Als Prinz Xavier den Übergang über die Weser versuchen wollte, brach Luckner an der gegenüberliegenden Seite aus dem Wald hervor, ließ seine acht Kanonen auffahren und versuchte die Brücke zu zerschießen. Da aber die Franzosen auf der anderen Seite noch mehr Geschütze in Stellung brachten, konnte Luckner gegen die Brücke nicht viel ausrichten. Die Kanonade dauerte zwei Stunden, brachte aber kein Ergebnis, außer, daß Prinz Xavier es unterließ, über die Weser zu gehen. Bei Einbruch der Dunkelheit zog sich Luckner wieder in den Wald zurück, blieb dort ruhig stehen und marschierte am nächsten Tag weiter nach Dassel. Er konnte jedoch der überlegenen Macht der Franzosen nicht standhalten und wich Schritt für Schritt fast ohne Verluste aus dieser Gegend zurück. Der Herzog vermerkte in seinen Unterlagen: „Luckner hat mir sein Abenteuer gemeldet; er wurde ein wenig gedrängt; aber das Unheil ist nicht so gross."

An Luckner schrieb er in diesen Tagen: „Ich verlasse mich übrigens auf Ew. Hochwohlgeb. Kriegserfahrenheit und grosse valeur, nicht zweifelnd, Sie werden in dem jetzigen Augenblick, da der Feind in das Herz des Landes einzudringen sucht, neue Proben davon geben und succes gethan haben, seine Projecte zu vereiteln, ferner beytragen."

Luckner-Husar mit der von Graf Luckner selbst entworfenen Uniform.
Darstellung aus dem „Gmundener Prachtwerk".

Kolorierter Stich des Marschall Luckner. *Kupferstichkabinett, Straßburg.*

Zeitgenössischer Notendruck der Marseillaise. *Bibliothèque Nationale, Paris.*

Statuette des Marschall Luckner. *Historisches Museum, Straßburg.*

Vitrine des Marschall Luckner mit Uniform, Marschallstab und Bestallungsurkunde. *Armeemuseum, Paris.*

Gut Blumendorf bei Bad Oldesloe, eines der drei Herrenhäuser des Grafen Luckner in Holstein.

Am 21. August 1761 stand General Luckner in der Gegend von Einbeck. Marschall Broglie, der diesen gefährlichen Mann in seiner Flanke nicht dulden konnte, blieb ihm jedoch hart auf den Fersen. Um Mitternacht schrieb Luckner in seinem Rapport: „An heute hat mich der Feind von ½ 3 Uhr bis ½ 9 Uhr Abends auf meiner Retirade recht in der Hatz gehabt ... In währender Zeit geschah der choque auf das Regt. jenseits Eimbeck; da ich nun alle erdenkliche ordre gebe, wie sich die Infanterie müsste halten an der Stadt, wann mein Regiment sich dadurch die Stadt würde reguliren; alleinig alles vergebens, der Feint trange zugleich in die Stadt Eimbeck ein, mein Regiment setzte sich diesseits der Stadt, nach allem meinen Schimpfen fangt an zu avanciren und choquirt durch die ganze Stadt durch ... indessen der Feint trunge je mehr je mehr auf; ich sahe so vielle feindliche Truppen, dass ich mich 7 bis 8mal überlegen funte, ich machte dahero meine manoeuvres ... Mein gantzer Verlust bestehet, den ich zu dato weiss, 1 Fähndrich, 10 Granadiers, 11 Husaren, dagegen gefangen 1 Capitain, 1 Lieut bis 40 Dragoner. Enfain dieses will nichts sagen, einzigste was mich chagrinirt, dass ich nit weiss, wohin die wahre intention Ew. Durchl. nunmehro hingehet, indessen ich werde das beste thun. Das Unglückh ist vor mich, kein Kerl will mehr marschieren, die Wahrheit ist, es ist fast nit auszuhalten, alleinig warumb sein wir Soldat."

Da Luckner sich in Einbeck wegen der französischen Übermacht nicht mehr halten konnte, beschloß er auf eigene Faust, eine Expedition in den Harz zu unternehmen. Er wollte den Feind im Rücken und in der Flanke beunruhigen und er vermerkte: „Kann ich ihme schon nichts Reeles anbringen, so muss er doch rechts mehr detachiren oder ich thue ihm alle chiganen von der Welt und sollte mit ihme tournieren bis Saxen. Bitte Ew. Durchl., thue ich unrecht, so ist es von mir unwissent, sondern aus einer wahrhaften guten Meinung, dahero bitte inständigst, mich zeitlich Ew. Durch. Ihren gnädigsten Will und Meinung zu wissen zu thun zu lassen."

Als er bereits bis Osterrode vorgerückt war, erhielt er von Herzog Ferdinand die Weisung, sich näher an Hildesheim zu schieben, um Hannover zu decken: „So bleibt Ihr grösstes Augenmerk: 1tens so viel als möglich zu agiren, 2tens so viel Land als thunlich zu decken, und 3tens die Residenz Hannover im Fall der Noth zu protegiren."

Der Herzog beklagte sich auch über die schlechte Kommunikation, da mehrere Schreiben verloren gegangen seien. Es war wohl auch ein Zeichen seiner wachsenden Nervosität, da der Feind immer stärker wurde und die Residenzstadt Hannover immer mehr bedrängte.

Luckner schilderte dem Herzog Ende August auch ein mißglücktes Unternehmen bei Göttingen, bei dem er selbst die Avantgarde und Jäger zu Fuß anführte, um die Brücke über die Leine zu nehmen. Er schwadronierte in seiner Art: „Mein dessein war, da nun über 500 gespahnte Wagens, die Schiffbrückhe, der gantze Bark schwere Arthalerie auf der Masch zu Göttingen, zwar unter Kanonn, alwo ich einstens die Oxen herausnahme, stunte, so war ich Willens, ein Stunt vor Tages darin zu fahren, und allein alle Pferte alle Beyne abzuschneiden, sondern alles zerbrechen und ruiniren."

Doch der Coup scheiterte. Luckner wurde bereits erwartet und mit Kanonenfeuer empfangen, so daß er sich unverrichteter Dinge zurückziehen mußte. Herzog Ferdinand tröstete ihn: „Wenn ihr Projekt hätte ausgeführt werden können, so wäre es der kühnste Streich in diesem Krieg gewesen. Ich bin Ihnen desto weniger sehr verbunden, dass Sie es tentiren wollen. Der Herr General brauchen bey Ihren Positionen nur darauf zu sehen, dass Sie dem Feind zuvorkommen, wenn er auf Hannover detachiren wollte. Übrigens aber können Sie nach denen Umständen agiren, wobey es immer das Beste ist, dem Feind im Rücken oder auf der Flanque zu seyn."

General Luckner ging, nachdem er bis Göttingen gestreift und mehrere Brücken zerstört hatte, Ende August nach Lamspringe. Seine Lage war damals nicht einfach. Er suchte durch Kreuz- und Querzüge dem Feind das Vordringen zu erschweren. Das Wetter war zu dieser Jahreszeit schon sehr schlecht und Mensch und Tier litten unter dem Dauerregen. Besonders die leichten Truppen waren sehr mitgenommen, da sie fast ununterbrochen im Einsatz waren. Ihre Verluste waren erheblich und erreichten fast 50%. Alles sehnte sich nach Ruhe und auch der unermüdliche Luckner mußte in einem Brief an Riedesel eingestehen: „Mein lieber Herr Obristlieutenant. Der Feint ist noch im Zug, alleinig mit mir ist es ausmarschirt, kein brot, keine Fourage, es gehet mir wie denen Schweitzern, kein Geld kein Schweitzer."

So gut General Luckner auch seine Unternehmungen plante, so schlug ihm doch alles fehl in diesen Wochen. Sein Pflichtgefühl und sein Humor wurden arg strapaziert: „Was ich willens bin zu thuen, ich werde thuen, und suchen was ein ehrlicher Kerl thuen kan." Die Wege waren verschlammt und die Soldaten durch Gewaltmärsche geschwächt und demoralisiert. Luckner schrieb Anfang September entmutigt an seinen Freund Riedesel: „Mein lieber Hr. Obristl. mik ist alles fatal gewest, die gantze Nacht geregnet, der Kerl als nemblich der Grenadier will nit mehr marchiren, oder müsste ihm 24 stund Rast geben."

Am 24. September 1761 plante Herzog Ferdinand eine Operation mit General Luckner und General von Wangenheim, dem er schrieb, er solle zu diesem Zwecke „mit dem G.-M. v. Luckner freundschaftlich zu communiciren, einen Plan zu entwerfen und ein concert zu nehmen belieben". Doch aus dem beabsichtigten gemeinsamen Angriff auf das Chabot'sche Korps wurde nichts. Luckner geriet mit Wangenheim in Streit und beschwerte sich über dessen Tatenlosigkeit bei Herzog Ferdinand. Anstatt aktiv zu werden, habe Wangenheim auf Luckners Aufforderung nur geantwortet, „er habe keine ordre, weil er nicht wisse, was im Solling stehe".

Luckner brachte diese Haltung in Rage: „Ich versichere Ew. Durchl., das Lager ist zu tournieren, es muss springen, aber unter *einem* Chef, dann *ich will*, – er nit, – was ist daran zu thun, ich allein bin incapabel, doch wollte noch was wagen, so er mir nur meine retirade bedeckete; gehet es mir aber armen unglückseligen Hannoveraner nit woll, da schreiet Alles: das ist der naseweisige Luckner: enfain ich glaube nit, dass ich ewig den Dienst vor chagrin soutiniren werde! Das Einzigste bitte mir unterthänigst, dass Ew. Durchl. glauben, dass ich den allergrössten Antheil nehme von Ew. Durchl. Chagrin, dann ich stelle mir Alles vor Augen! jedoch ich schreibe so den Moment nochmahlen an Sr.

Exc. v. Wangenheim, und werde ihn ersuchen, wenigstens eine Partei zu nehmen, einige chiquanen den Feind beizubringen ..."

In diesem Brief trat nicht nur der Ärger Luckners über die passive Einstellung und den mangelnden Kampfgeist des Generals von Wangenheim zutage, hier offenbarte sich auch die Mißachtung des erfolgreichen Aufsteigers durch das etablierte Offizierskorps. Luckners kaum versteckte Drohung, daß er den Dienst quittieren werde, sollte sich an seiner Situation nichts ändern, war auch ein Zeichen für die gravierenden Probleme zwischen Armee und Führung. Luckner fühlte sich und seine Leistung immer noch nicht ausreichend gewürdigt.

Herzog Ferdinand bemühte sich, die Wogen zu glätten und schrieb am 24. September an den verärgerten und auch gekränkten Luckner: „Sie kennen ja meine für Sie hegende Estime; glauben Sie doch also auch, dass ich mich nicht begnügen werde, Ihnen solches nur zu sagen, sondern ich werde auch suchen, Ihnen wirkliche Proben davon zu geben. Des Königs Majestät haben in sehr gnädigen terminis Ihrer gegen mich erwehnet: Ist das brevet von G.-L. nicht mitgekommen, so hoffe ich doch, dass Sie es vor Ablauf dieses Jahres erhalten sollen. Übrigens müssen Sie nicht alles so genau nehmen: der Dienst des Königes und unsere eigene Ehre erfordern, dass wir auf nichts andres denken, als den Feind aus dem Lande zu vertreiben; denket jemand anders, so ist solches zwar schlimm, man muss sich aber dadurch nicht irre machen lassen."

Gleichzeitig unterstrich der Herzog, daß er in der Sache einer Meinung mit Luckner sei und dessen Projekt nicht nur praktikabel, sondern auch notwendig halte. Er wollte auch in diesem Sinne an den General von Wangenheim schreiben.

Korrespondenz Luckners aus dem 7jährigen Krieg mit dem Hof in
Hannover, 1760.

Herzog Ferdinand schloß sein Schreiben mit dem enttäuschten Nachsatz: „Mein lieber Luckner, das bin ich mich nicht von Ihnen vermuthen gewesen, dass Sie während dem Kriege jemals dergleichen Entschluss fassen könnten, als Ihr Schreiben es mir bekannt machet."

Doch General Luckner reichte, noch bevor er dieses Schreiben des Herzogs erhalten hatte, am 23. September, abends um 7 Uhr, sein schon angedrohtes Abschiedsgesuch ein. Der eigentliche Grund seines Grolls war wohl, daß er immer noch nicht die lange erhoffte Beförderung zum Generallieutenant erhalten hatte. Er berief sich dabei auf einen Befehl des Herzogs, wonach der erste General, der 1000 Mann Gefangene nachweisen könne, ein vorzügliches Avancement haben solle. Er habe bereits bis zum August 61 Offiziere und 1146 Gemeine dem Feinde abgenommen. Sodann beschwerte sich Luckner, daß er im hannoverschen Ministerium Feinde habe. Gleichzeitig aber beteuerte er seine Dankbarkeit und Verehrung für den Herzog.

Dieser schrieb schon am nächsten Tag, enttäuscht zwar, aber noch wohlwollend an den General Luckner und führte ihm die Folgen eines solchen Schrittes deutlich vor Augen: „Ich habe des Herrn Generals Schreiben von gestern Abend um 7 Uhr erhalten; und thut mir leid, daraus zu ersehen, dass Sie gewillet gewesen, Sr. Majestät Dienste zu quitiren; Ich habe aber zu Ihrer Gedenkungsart ein so gutes Vertrauen, dass ich hoffe, Sie werden Ihren Vorsatz darunter ändern. Was würde die gantze Welt von einer solchen démarche sagen? — Die Freundschaft, welche ich vor Sie persönlich hege, zwingt mich, Ihnen nicht zu verhehlen, dass es ihnen unmöglich gut ausgelegt werden könnte. In einem so critischen Augenblick, da die Feinde noch im Herzen von Sr. Majestät Landen sind, und mitten in einer campagne quitiren zu wollen, kann unmöglich Ihre wahre Meynung seyn; wenigstens kann ich solche mit dem grossen Begriff, so ich von Ihrer so rühmlichen Ehrbegierde habe, nicht conciliren, noch glauben, dass Sie ein geschöpftes Missvergnügen über ein verzögertes avancement so sehr über Sich Herr werden lassen werden, einen pas zu thun, der Ihnen billig leid thun müsste. Ich sende Ihnen hierbey die Abschrift des Schreibens, so des Königes Majestät an mich in Antwort auf das meinige erlassen haben: Ich werde von Neuem an Höchstdieselben schreiben und Sie ersuchen, Ihnen den caractere von General-Lieutenant beyzulegen. Inzwischen hoffe ich, dass Ew. Hochwohlg. Ihr dessein ändern werden . . ."

Die herzogliche Standpauke blieb nicht ohne Erfolg. Luckner lenkte ein und schrieb am 25. September, morgens um 4 Uhr, einen Brief an den Herzog, in dem er die ehrfurchtsvolle Annahme der ihm erteilten „Ermahnung" anzeigte: „Ich thue Niemanden wehe, lege Niemanden nichts im Wege, studire Tag und Nacht, allen Leuten nach ihrigen Willen und Sinn zu handeln; und doch ist die halbe Hannoversche Welt über mich und ihr einziger Wunsch ist nur, dass ich doch eins einmahl eine rechte Schlappe möchte bekommen. – Recommandire mich allein in Ew. Durchl. höchsten Gnaden und Protection."

Dieser Brief ist nicht nur ein Zeugnis für den schwierigen und zwiespältigen Charakter Luckners, der zwischen Opportunismus und selbstherrlichem Aufbegehren schwankte. Er spiegelt gleichermaßen die fast unüberwindlichen gesellschaftlichen und hierarchischen Hindernisse, die sich Luckners ungestilltem Ehrgeiz in den Weg stellten und verhinderten, daß er als militärischer Aufsteiger die Früchte seines unermüdlichen Einsatzes ernten konnte. Das fast freundschaftliche Verhältnis zwischen ihm und Herzog Ferdinand bekam durch dieses Ereignis tiefe Risse und es dauerte eine Weile, bis das alte Vertrauensverhältnis wiederhergestellt werden konnte.

Auf die militärischen Fähigkeiten Luckners vertraute Herzog Ferdinand freilich nach wie vor. Bei seinen Aufträgen beließ er es meist dabei, Ziel und Zweck zu erläutern; bei ihrer Umsetzung hatte Luckner freie Hand. So schrieb er Ende September: „Er überliesse es dem General, seine Position zu nehmen, so wie es die Umstände erheischten, und so wie er dem tendirten Endzweck am besten Genüge leisten zu können vermögte."

Entsprechend diesem flexiblen und sehr modernen Befehlsprinzip konnte sich Luckner auf wechselnde Situationen und Lagen schnell einstellen und seine Maßnahmen optimal den veränderten Verhältnissen anpassen.

Anfang Oktober 1761 operierte Luckner zusammen mit den Truppen des Prinzen Friedrich im Harz. Doch das gewünschte Gefecht mit dem General Clozen blieb aus, da die Franzosen auswichen.

„Der Vogel ist ausgeflogen und ist gestern noch bis Gandersheim marschirt", schrieb Luckner. Über seinen jugendlichen Begleiter machte er sich lustig: „Ich muss nur mit dem Prinz Friedrich Durchl. lachen, wann er alle Anstalten gemacht siehet, und siehet vor Augen, dass wann Clozen gehalten hätten, er aldann aus der Haut wollte fahren, dass es noch nit reussiren wollen!"

Luckner beschloß nun, den Feind bei Halle zu stellen. Nach einem ersten Geplänkel wichen die Franzosen aus. Luckner ließ sämtliche Einheiten vorrücken und suchte, da er einen Frontalangriff zu schwierig hielt, eine Möglichkeit, den Gegner auf seiner linken Flanke zu umgehen. Dieses Manöver hatte den gewünschten Erfolg. Der Feind eilte in das Lager bei Stadt-Oldendorf zurück, das er bei seiner Flucht mit sich fortriß. Luckner ließ die fliehenden Truppen verfolgen. Zwei Schweizer-Regimenter wurden zersprengt und 60 Gefangene gemacht.

Herzog Ferdinand war sehr zufrieden mit diesem Manöver: „wie Sie die differenten feindlichen Lager von Halle, Eschershausen und Stadt-Oldendorf genöthigt haben, sich zurückzuziehen. Diese Action macht Ihnen viel Ehre und ich gratulire Ihnen aufrichtigst dazu. Seien Dieselben daneben meines ausnehmenden Dankes und meiner nie aufhörenden Erkenntlichkeit versichert".

Dem französischen Marschall Broglie hatte diese Aktion so imponiert, daß er selbst herbeieilte und mehrere Grenadier- und Jäger-Bataillone unter dem General Poyanne losschickte, um Luckner, der nach Halle marschiert war, zu vertreiben. Doch je weiter General Poyanne mit seinem starken Kontingent vorrückte, desto mehr wich Luckner aus, bis die Entfernung so groß geworden war, daß ein Angriff unmöglich wurde.

Anfang Oktober liefen die ersten Meldungen ein, daß ein starkes französisches Korps mit schwerer Artillerie, geführt von dem Prinzen Xavier, auf dem Marsch nach Braunschweig und Wolfenbüttel sei. Jetzt sollte Luckner helfen. Er wurde deshalb eilends losgeschickt, um zusammen mit dem Prinzen Friedrich von Braunschweig die dortigen Besatzungen zu verstärken. Prinz Friedrich sollte sich bei der Befreiung der väterlichen Lande seine Sporen verdienen, geleitet und unterstützt von dem erprobten General Luckner. Als Luckner nicht sofort der herzoglichen Weisung nachkommen konnte, einige Batterien in die Stadt Wolfenbüttel zu werfen, wuchs die Nervosität bei Hofe. Luckner solle „keinen Augenblick verlieren, auf Braunschweig zu marschiren", wiederholte Herzog Ferdinand.

Doch die Dinge hatten schon ihren Lauf genommen. Luckner berichtete, daß am 10. Oktober 1761 Wolfenbüttel kapituliert habe und der Feind am nächsten Tag in die ehemalige Residenzstadt einmarschiert sei. Außerdem sei Braunschweig von feindlichen Truppen umzingelt, die den Beschuß der Stadt vorzubereiten schienen. Luckner bat daher um weitere Verstärkung und Befehle. Er schloß das Schreiben: „Kommt kein Succurs, so bin ich ebenfalls vor Braunschweig bang!"

Als Herzog Ferdinand die unangenehme Nachricht erhielt, schrieb er nervös und gereizt am 13. Oktober an Luckner, weil er befürchtete, daß auch Braunschweig fallen würde. „Da Sie nicht practicable finden, meine Ihnen so sehr angelegentlich empfohlene ordre, 6 Bat. in Braunschweig zu werffen, zu executiren, so hoffe ich doch, dass Sie folgende zwei Puncte in Erfüllung zu bringen, Mittel finden werden; 1lich: den Commandanten zu Braunschweig zu avertiren, dass unfehlbar succurs erfolgen solle, 2tens: die Position des Feindes vor Braunschweig auf's Genaueste zu recognosciren.

P. S. Es ist nothwendig, dass Ew. Hochw. der Garnison von Braunschweig sehen lassen, dass Truppen von uns in der Nachbarschaft sind."

Noch am selben Tag konnte General Luckner mit einer gemeinsamen Operation, die er zusammen mit General Wangenheim und dem Prinzen Friedrich vereinbart hatte, den Herzog Ferdinand beruhigen. Der Plan sah vor, noch am Nachmittag mit sechs Bataillons und zwölf Escadrons loszumarschieren: „Alle Equipage, Zelter, alles bleibt zurück!

Das Corps marschirt 3 Stunde, macht halt, formiret sich; sobald als es dunkel wird, so marschiren die 6 Pathalions ausser ein Detachement Husaren voraus, und zwar nach Oelper; die Cavallerie folgt; Alles was uns im Weeg stehet und kommt, muss attaquirt werden, und über den Hauffen geworfen werden! Die 6 Pathalions benebst dem Printz Friederich werde nach Braunschweig absolute hinein suchen zu bringen, kost es was es wolle, darauf können Ew. Durchl. Sich verlassen, dass Alles gewagt wird. Ich denke, dass Se. Durchl. bereits diese zukünftige Nacht 12 Uhr in Braunschweig seyn."

Luckner war von seinem Plan eines Nachtangriffs selbst begeistert. Sobald der Prinz Friedrich Braunschweig genommen habe, sollte er „etliche Rageter steigen" lassen, welches für Luckner das Zeichen sei, sich nach Peina zurückzuziehen und Verstärkungen abzuwarten. Dann sollte Prinz Friedrich mit seiner Garnison herauskommen und den Feind angreifen. Luckner schloß seinen Plan: „Und wer weiss, was Gott thut, und dass uns etwa in prima furia Wolfenbüttel wiederumb in unsere Hände käme; dann es ist noch alle Zeit gewest, wann es am schlechtesten ausgesehen, so ist es am besten gegangen."

Luckners Optimismus übertrug sich auch auf den Herzog Ferdinand, der ihm „glücklichen Erfolg" wünschte. Daß dieser Optimismus, den Luckner zur Schau trug, nicht unbegründet war, sollte sich bald erweisen.

Am 14. Oktober 1761, kurz vor Mitternacht, griff Luckner zusammen mit Prinz Friedrich bei dem Dorf Oelper, das vor Braunschweig liegt, den überraschten Feind an. Nach einem lebhaften Schußwechsel, der eine halbe Stunde dauerte, stießen die Grenadiere in das Dorf vor. Es gelang den Luckner-Husaren, von der Flanke in das Dorf einzudringen und die Besatzung zu überwältigen. Ein General, ein Obristlieutenant, ein Lieutenant, 500 Mann und eine Kanone fielen in die Hände der alliierten Armee. Von diesem Sieg beeindruckt, gaben die Franzosen die Belagerung Braunschweigs auf. Sie waren bereits die ganze Nacht beschossen worden und der Feind hatte nur noch mit 48 Stunden bis zu ihrer Übergabe gerechnet.

Herzog Ferdinand war sehr erleichtert, als er von der Befreiung Braunschweigs erfuhr: „Ich bin über den glücklichen succes der in Braunschweig geworfenen Renforts höchlich vergnügt; Ich hoffe das Uebrige soll sich finden. Nehmen Ew. Hochwohlg. inzwischen meinen aufrichtigen und sehr verpflichteten Dank für diese unvergleichliche Action an. Sie macht Ihnen und dem Prinzen die allergrösste Ehre."

Am 15. Oktober 1761 konnte Luckner dem Herzog melden, daß die Feinde Wolfenbüttel geräumt hätten. So war auch der zweite Teil seines Plans glücklich in die Tat umgesetzt. Für seine arg strapazierten Pferde erbat Luckner noch eine Sonderration Hafer, die er dann auch erhielt. Sein Optimismus war ungebrochen: „Gott gebe Ew. Durchl. ferner Glück und Segen in allen Unternehmungen; bis dato haben Ew. Durchl. nichts verloren, und die Campagne ist bereits nahe am Ende!"

Nachdem die Braunschweigischen Lande vom Feind gesäubert waren, operierte Luckner wieder im Harz, wo er bald in zahlreiche Scharmützel verwickelt war. Er machte dem Herzog den Vorschlag, mehr leichte Truppen aufzustellen, „da es schwerlich zu einem Frieden kommen möchte, und wohl noch eine Campagne werde erfolgen".

Herzog Ferdinand fand diesen Vorschlag „überaus gut" und versprach, „davon in England Gebrauch zu machen, und wünsche, dass er acceptirt werden möge". Er schrieb dann auch an den englischen Hof, es sei außerordentlich notwendig, die Zahl der leichten Truppen zu erhöhen, weil die Franzosen noch weitere 3000 Dragoner und Husaren ausheben lassen. „Ich würde hiebei vorschlagen, das Husarenregiment von Luckner, das von Braunschweig, sowie das Corps Scheithers zu vermehren und zwar sowohl deswegen, weil sich diese Corps während der letzten Campagne sehr ausgezeichnet haben, als auch, weil es viel leichter und weniger kostspielig ist, die alten Corps zu verstärken, als deren neue zu schaffen . . ."

Am 3. November 1761 wurde der 39jährige Luckner endlich zum Generallieutenant befördert. In dieser Zeit erhielt auch sein Regiment für die dem Feind abgenommenen 2000 Gefangenen eine nicht geringe Belohnung. Wenn man berücksichtigt, daß dieses Regiment erst während des Krieges errichtet worden war, im Lauf des ersten Jahres nur aus etwa 100 Pferden bestand und erst nach zwei oder drei Jahren die Stärke von 700 Mann und Pferden erreichte, so ist es umso erstaunlicher, daß diese Truppe in kaum vier Jahren eine Menge von Feinden überwältigte, welche ihre eigene Zahl um das dreifache übertraf.

Ein Generallieutenant urteilte damals über Luckner: „ . . . Ausser den bisherigen guten Diensten die das Land nicht entkennen kann, und dem Feinde gethanen grossen Abbruch besitzt er eine persönliche Bravour, und ein Talent zur Attaque, Disposition und Deckung mit leichten Truppen, dergleichen ich nicht kenne, und die Feinde die sich seine kurze Abwesenheit wohl zu Nutze gemacht haben, wagen sich seit seiner Zurückkunft schon so weit nicht mehr."

Am 5. November überfiel Luckner das Corps des General Stainville in der Gegend von Seesen, warf dessen Nachhut über den Haufen und nahm ihm 100 Gefangene ab. Doch bald schien der Feldzug für dieses Jahr zu Ende zu sein. Die Franzosen und Sachsen zogen sich allmählich in ihre Quartiere zurück und auch die alliierte Armee suchte ihre Winterlager auf. General Luckner befehligte wieder die Postenkette, die zu ihrem Schutz aufgezogen wurde. Er bekam zu diesem Zweck acht Schwadronen Kavallerie und sechs Grenadier-Bataillone unterstellt. So schien dem unermüdlichen Luckner auch diesmal keine Winterruhe vergönnt zu sein.

In den ersten Tagen des neuen Jahres beunruhigte er die Besatzung von Göttingen durch den Anmarsch von einigen tausend Mann, die in diesem Gebiet 500 Rekruten aushoben. Herzog Ferdinand wollte die Zeit im Winterlager nutzen, um seine Armee zu ergänzen und aufzufrischen. Dies geschah vor allem durch die Aushebung von Rekruten, wobei nicht selten Gewalt angewendet wurde.

Anfang Februar 1762 erfuhr General Luckner von seinen Spionen, daß der französische General Marquis de Lastange mit 1800 Mann Kavallerie und 2000 Mann Infanterie anrückte, um die Vorposten der alliierten Armee zu überfallen. Kurz entschlossen sammelte Luckner seine Kavallerie und eilte den doppelt so starken feindlichen Truppen entgegen. Am 6. Februar griff er die überraschten Franzosen bei Heiligenstadt auf dem Eichsfelde mit solcher Wucht an, daß sie sich trotz heftiger Gegenwehr wieder zurückziehen mußten. Drei Offiziere, 80 Mann und 100 Pferde fielen dabei in die Hände Luckners.

In den ersten Apriltagen schickte Herzog Ferdinand ein Detachement in die Gegend von Duderstadt, wo 50 Berchiny-Husaren zu Gefangenen gemacht und außerdem 10 Geiseln mitgenommen wurden. Als der Marschall de Vaux in Göttingen davon Kenntnis erhielt, schickte er 1000 Reiter los, um die Gefangenen wieder zu befreien. Dies wiederum erfuhr Luckner, der schnell Truppen zusammentrommelte und herbeieilte. Als die französischen Reiter diese Verstärkung bemerkten, gaben sie die Verfolgung auf und kehrten nach Göttingen zurück.

Die Schnelligkeit, mit der Luckner jeden Angriff parierte, minderte die Lust der Franzosen, die Winterquartiere der alliierten Armee weiter zu attackieren.

In dieser Zeit wurden in den beiden großen französischen Armeen die Führungspositionen ausgewechselt. Die beiden Grafen v. Broglie mußten auf ihre Güter zurückkehren. Damit war der beste General der Franzosen kaltgestellt. Der Hof von Versailles hatte den Prinzen Soubise favorisiert, der jetzt mit dem Marschall d'Etrées die Truppen Frankreichs führen sollte. Da sich die neuen Führer erst noch einarbeiten mußten, war eine gewisse Passivität die Folge, die den Herzog Ferdinand neue Hoffnungen schöpfen ließ.

General Luckner hatte im Frühjahr 1762 fast immer gesundheitliche Probleme. Das schlechte Wetter und die andauernden Strapazen waren nicht spurlos an ihm vorübergegangen. Er versuchte deshalb seinem geschwächten Organismus wieder aufzuhelfen, indem er Brunnen trank. Er klagte auch häufig über die ungesunden Nahrungsmittel in der Gegend von Einbeck. Gleichwohl mußte er seinen Dienst weiterhin erfüllen. Am 2. Mai erließ der Herzog einen Befehl, wonach das Lucknersche Korps sich in Alarmbereitschaft halten müsse, um jederzeit aufbrechen zu können.

Erst im Mai 1762 konkretisierte sich der Operationsplan der beiden französischen Marschälle. Danach sollte der größte Teil der Truppen, etwa 80 000 Mann, bei Kassel zusammengezogen werden, um in die hannoverschen Lande einzudringen. Die kleinere Armee von 30 000 Mann sollte am Niederrhein die Kräfte des Herzogs binden.

Am 24. Juni 1762 kam es zu einem blutigen Gefecht bei Grebenstein. Luckner traf morgens um 7 Uhr am Kampfplatz ein, nachdem er 24 Stunden marschiert war und in dieser Zeit seinen Leuten nur 4 Stunden Rast gegönnt hatte. Ohne Zögern griff er die feindliche Reiterei an, warf sie über den Haufen und hätte wohl eine Menge Gefangener gemacht, wenn ihn nicht General Spörcken irrtümlicherweise mit seiner Artillerie beschossen hätte. Luckner hatte Befehl vom Herzog, sich auf dem rechten Flügel des Feindes auf einem Höhenzug festzusetzen und dem Feind den Rückzug abzuschneiden. Luckner forderte also den General Kielmansegge auf, ihm in diese Richtung zu folgen, da er allein gegen die ganze französische Armee nicht standhalten könne. Dieser General folgte jedoch nicht der Aufforderung, obwohl er von seinen Offizieren beschworen wurde, sondern griff zur Unzeit – „aus missverstandener Bravour" – den Feind an und machte so den ganzen Einkreisungsplan zunichte. Zwar wurden die französischen Truppen geschlagen, doch entgingen sie der völligen Niederlage, weil der Umklammerungsring nicht mehr geschlossen werden konnte. Trotzdem war Herzog Ferdinand mit dem Ergebnis zufrieden und räumte in einem Brief an König Georg III. ein: „Sämmtliche Truppen haben sich ausserordentlich gut geschlagen." Die ganze feindliche Infanterie, mit Ausnahme von zwei Bataillonen, die sich durchschlagen konnten, wurde aufgerieben oder gefangengenommen, 12 Kanonen und 8 Fahnen erbeutet.

Anfang Juli eröffnete General Luckner dem Herzog einen Plan, wie ein Handstreich gegen das Korps von Monet unternommen werden könne. Bei diesem Nachtangriff wollte Luckner 200 Husaren und 100 Grenadiere zum Einsatz bringen. Der Herzog billigte den Plan und wünschte viel Glück zu dieser „Entreprise".

Das Unternehmen gelang. Eine Stunde vor Mitternacht griff Luckner das Korps an, das sorglos vor den Mauern der stark bewehrten Stadt Kassel lagerte. Trotz des Geschützfeuers von den Wällen der Stadt konnte Luckner dem Herzog am 3. Juli melden, „dass alle Pferde sowohl vor Officier als Gemeinen des gantzen Corps von Monet gefangen, Monet vor seine Person ebenfalls, aber wenig Leute, maszen die Cavallerie nir zu Pferde hat kommen können, und die Infanterie hat das Gewehr weggeworffen, und Alles hat sich vergrochen . . . Mein Verlust sollte sein: 1 Wachtmeister dott, 2 Husaren plessirt, dieses will nichts sagen."

Der größte Teil des Monet'schen Korps hatte sich bei dem Überfall im Schutz der Dunkelheit in Sicherheit bringen können. Die gesamte Ausrüstung, Gepäck und 153 Pferde wurden zurückgelassen und von den Luckner-Husaren als Beute fortgeführt.

Herzog Ferdinand war begeistert: „Ich gratulire, lieber Herr General, zu dem glücklichen und schönen coup. Wollen Sie mich mal bey Sich haben, um die Suppe mit Ihnen zu essen, so komme ich sans facon mit meinem Adjutanten vom Tage. Sagen Sie mir nur, wenn es Ihnen am gelegensten ist."

General Luckner kam gern dieser Aufforderung nach und lud den Herzog in den folgenden Tagen zu einer Husaren-Suppe ein. Herzog Ferdinand inspizierte das Husaren-Regiment und äußerte sich über dessen Zustand sehr zufrieden. General v. Spörcken, der am 8. Juli 1762 dies in einem Brief an den König Georg III. vermerkte, sprach auch das in ganz Europa gestiegene Renommee Luckners an und erwähnte ein verlockendes Angebot des russischen Zaren Peter III: „Seine Zarische Majestät haben dem Generallieutenant von

Herzog Ferdinand von Braunschweig-Lüneburg (1721 – 1792).
Ölgemälde von Ziesenis, um 1770.

Luckner Ihre Dienste unter seinem jetzigen Character, den St. Annen-Orden, und ein Regiment welches beständig in Holstein bleiben solle, durch den Conferenzrath von Saldern zu offeriren geruhet; er hat es aber vornehmlich mit der Entschuldigung: „das S. Kaiserliche Majestät allerdings keine gute Opinion von ihm würde behalten können wenn er, zumal jetzt bei Kriegszeiten, diejenigen Dienste zu verlassen im Stande wäre, worin er von seinem Allergnädigsten Herrn von nichts erhoben, und mit so vieler Gnade bis hierzu überhäuft worden, . . . von sich abgelehnt."

Zar Peter III. stammte aus Holstein und war vernarrt in preußisches Militär. Er verlor bald nach diesem Bericht Thron und Leben. Diese Offerte war nicht nur ein Beweis für den Marktwert Luckners, sie war auch ein Beleg für seine Pflichtauffassung. Es war bezeichnend für Luckner, daß er sich als Söldner und Berufssoldat zwar stark von finanziellen Motiven leiten ließ, trotzdem aber dem Eid an seinen Dienstherrn den Vorrang einräumte.

Herzog Ferdinand beorderte General Luckner am 12. Juli mit einem neuaufgestellten Korps aus gemischten Verbänden, um ein auf dem Heiligenberge zwischen Melsungen und Felsberg stehendes Herr in der Flanke anzugreifen. Der Feind bemerkte diesen Plan rechtzeitig und zog sich nach Melsungen zurück. Luckner konnte zwar in das verlassene feindliche Lager am 14. Juli einmarschieren, doch hatte er zuwenig Truppen bei sich und konnte wegen der Erschöpfung seiner Soldaten keine größeren Aktionen durchführen. Als sich der Feind in der Nacht vom 14. auf den 15. bei Melsungen verstärkt hatte, sah Luckner, daß es unmöglich war, sie anzugreifen. Bei allem Mut und aller Tollkühnheit besaß er doch einen nüchternen Sinn für seine Chancen und Grenzen, der ihn vor einem falschen Heldentum bewahrte.

Er beschloß daher, mit geschickten Manövern und listigen Einfällen den Feind den ganzen Tag über in Atem zu halten und sich erst gegen Abend zurückzuziehen. Er ließ also seine leichten Truppen vorrücken und erweckte dadurch den Anschein, als wolle er angreifen. Luckner berichtete dem Herzog Ferdinand: „Ich formirte mich en front einen Kanonenschuss vom Feind; auf einmal entdeckte sich die feindliche Armée, ich mache halt und arrangirte mich auf mein bestes; der Feind kanonirte mich, jedoch ohne Schaden; ich konnte es ihme mit keine 3-Pfd. gegen 16-Pfd. nicht beantworten. Der Feind machte Meine auf meine Rechte, jedoch contigirte mit ihme, wir manoeuvrirten, fast bis 7 Uhr Abends, alsdann alles stehen, der Feind sehte mich an, und ich ihme. Alles dehte versichern, dass Prinz Soubize und d'Etrées selbsten zugegen waren und sie 20 000 Mann ohne Zelte und Bagage von Cassel mit sich gebracht hatten, und haben ihrige Zelter alda stehen lassen. Nachdem ich sahe, dass eine 5mal mir überlegene Macht vor meiner stunde, so wartete ich die Nacht ab . . ."

Trotzdem General Luckner zweimal nichts gegen den Feind auf dem Heiligenberge ausrichten konnte, so war Herzog Ferdinand durchaus einverstanden mit diesen Maßnahmen: „Ich bin zufrieden. Der General Luckner konnte mit seinem Manöver nicht mehr ausrichten; es macht ihm viele Ehre." Und an den englischen Hof schrieb er: „Herr von Luckner hielt sie durch seine schönen Manöver immer in Schach und vereitelte alle ihre Absichten. Letzterer behauptete bis zum Abende seine Position auf dem Falkenberg, zog sich in der Nacht auf Uttershausen zurück und passirte dort die Schwalm."

General Luckner streifte in den folgenden Tagen mit 6 Bataillons und 14 Schwadronen in der Gegend von Hirschfeld und Fulda, wo er dem Feind viele Nachschublinien und Magazine zerstörte. So wurde dessen Lage immer prekärer, die Verpflegung wurde knapper und die Kommunikation unter den einzelnen Truppenteilen schwieriger. Am 25. Juli 1762 gelang es Luckner, Landwehrnhagen einzunehmen. 22 Offiziere und 260 Mann gingen in die Gefangenschaft und es wurde reiche Beute gemacht. Jetzt ging es Schlag auf Schlag.

Am 26. Juli stand Luckner wieder vor Fulda und am Abend desselben Tages konnte er dem Herzog melden: „Dass ich Fulda wie auch einen besetzten Kürchhoff mit stürmender Hant heute Nachmittag habe bekommen, die Cavallerie zersbrengt und bis Hunefeldt verfolgt. Etliche 20 officiers gefangen, wie viel Hundert gemeine, kann ich noch nit eigentlich sagen, aber das beste bey 400 Stückh fette Oxen; mein Verlust bestehet hier und zu Hirschfeld in 2 plesirte officier 21 plesierte Mann, und Gott Lob nur 2 Mann dott . . Einmahl hat mich doch der liebe Gott erhört."

Luckner erbeutete außerdem 2 Haubitzen und ließ sich eine Brandschatzung von 70 000 Taler bezahlen. Herzog Ferdinand, froh darüber, daß nun die Verbindungen von Würzburg und Frankfurt nach Hessen abgeschnitten waren, äußerte sich am 27. Juli 1762 begeistert über diesen Handstreich: „Der Herr General können leicht ermessen, wie sehr angenehm mir Dero Schreiben von gestern Nachmittag gewesen. Ich gratulire Ihnen zu diesem glücklichen coup von Herzen. Solcher wird von den besten Folgen seyn, wenn Sie sich zu Fulda mainteniren können."

Der Herzog wollte auch von Luckner erfahren, wie stark die Besatzung von Frankfurt sei und wie die Möglichkeit eines Angriffs auf diese Stadt einzuschätzen sei.

Luckners Antwort auf diesen Wunsch fiel etwas seltsam aus und trug, was bei seinen Briefen häufig war, manch rätselhaften Zug: „Bis hierher soutenire ich mich, ein Corps meines gleichen muss mich auch woll ungeschorn lassen, Verdouplen sie sich, so werte nebst Gott mit ihnen umbgehen zu wissen, dass kein schadten doch bey heraus kommen solte, die weldt ist rundt; Wegen FF. (Frankfurt) werde mich erkundigen, ich sehe alles möglich, wan mann glick dabey ein wenig hat, alleinig 2 Haubitzen wären höchst nötig, und ein wenig Brandtzeig, und wenn es auf eine Arth von überrumplung nit ginge, mann die Burgerschaft durch abbrechung 4 à 5 Häusern solche rebelisch könnte machen, denn eine grosse guarnison vermuthe ich nit, denke ein bahr Pathalion Millitz das ist das in FF.: alleinig kan es doch noch nit wissen, nebst Gott ein risque vor mich sehe dabey nit ein, den ich halte das erste principium die welt ist rund, es kommt nur ahn, ob Ew. Durchl. mich wollen abandoniren, alleinig glükte es, so könte in Tryangel agiret werden, alda könte auch eine augmentation, umb sich absolute zu souteniren, errichtet werden ohne des Königs unkosten, Enfain erst haben;"

Luckner bekam am 30. Juli 1762 den Auftrag, das Korps des Comte de Stainville auszukundschaften, Stärke und Position zu melden und weder Zeit noch Gelegenheit zu versäumen, ihn anzugreifen. Doch Luckner zögerte mit der gewünschten Attacke, weil er seine Truppen für unterlegen hielt. Herzog Ferdinand mußte daher seine Weisung wiederholen: „Ich finde Vieles in dem oben angegebenen Schreiben, davon ich den Sinn nicht wohl begreifen kann. An Ihrem Eifer vor des Königs Dienst und an Ihrer rühmlichen Begierde, sich immer mehr und mehr zu distinguiren, zweifle ich im Mindesten nicht; und ich habe Ihnen gewiss desfalls so wenig Vorwürfe gemacht, als zu machen die allergeringste idée gehabt. Ich habe Ihnen aber gesagt, dass nunmehro die Umstände erforderten, das Corps von Stainville anzugreifen, und dass, wenn Sie nicht stark genug wären, ich mich arrangiren müsse, Ihr Corps zu verstärken ... aus Freundschaft und Estime für Sie habe ich es nur allein wiederholen wollen, um allen unangenehmen Zweydeutigkeiten vors Künftige vorzubeugen."

Etwas später machte der Herzog noch das Angebot, der Erbprinz könne Luckner mit einigen Haubitzen und 12pfündigen Kanonen verstärken, um Hirschberg anzugreifen. Er, Luckner, müsse nur selbst die Initiative ergreifen. Luckners Reaktion auf diese Aufforderung war zwiespältig und spiegelte seinen oft schwierigen Charakter. Er entschuldigte sich, wegen der ihm eigenen Art, seine Meinung offen auszusprechen, beteuerte aber gleichzeitig seine Ergebenheit gegen den Herzog. Ungeachtet er dessen Befehl erhalten hatte, verharrte er in seiner Stellung, wartete aber dennoch, „vom Erbprinzen gerufen zu werden", um den Prinzen Condé anzugreifen.

Am 4. August wiederholte Herzog Ferdinand seine Weisung an Luckner, „worin ich Ihnen empfehle, auf Hirschfeld zu marschieren. Je eher Sie da anlangen können, je angenehmer wird es mir seyn".

Doch Luckner konnte sich weiter nicht entscheiden, Hirschfeld anzugreifen oder Verstärkung anzufordern. Vielmehr schrieb er an den Herzog, er habe vom Erbprinzen noch nichts gehört und könne daher nicht angreifen. Dann verlor er sich in Nebensächlichkeiten und gratulierte dem Herzog in übertriebener Weise, daß dieser zum Statthalter über die Lande des Königs ernannt worden sei. Herzog Ferdinand vermerkte dazu am Rand des Schreibens: „Ich glaube, er ist verrückt geworden. Ich weiss nicht, was er damit sagen will."

In einem weiteren Schreiben bekräftigte Luckner seine Absicht, Hirschfeld anzugreifen, „sobald ich die Arthalerie habe". Doch es war mittlerweile zu spät. Der Herzog suspendierte am 5. August 1762 die Attacke auf Hirschberg, weil er nicht so lange warten wollte. Wäre Luckner, der Order des Herzog gemäß, am 4. August losmarschiert, so hätte der Angriff gegen Hirschberg noch rechtzeitig stattfinden können. Doch es war seine Abneigung gegen dieses Unternehmen, seine Unschlüssigkeit, zusammen mit dem Erbprinzen zu operieren, die diese Aktion scheitern ließ. Mit dieser Verzögerungstaktik war er zwar erfolgreich, verscherzte sich aber die Sympathien des Herzogs.

Ein Grund für Luckners Unlust war sicher das andauernde schlechte Wetter, das ihm zu schaffen machte: „Was will der liebe Gott mit diesem Wetter machen! wann wer sollte marschieren, so muss Einer 100 Portativ-Brücken bey sich haben, denn alle kleinste Wässer sein in hiesiger Gegend so angeloffen, dass man die meisten ohne Brücke nit passiren kann."

Trotz des anhaltenden Regens, der die Wege grundlos gemacht hatte, wurde Luckner mit einem verstärkten Korps losgeschickt. Am 21. August 1762 detachierte Luckner sein Regiment und eine Abteilung Infanterie von Hainbach aus nach Ruppertenrod. Dort griffen sie das Korps von Wurmser an und schlugen es in die Flucht. Luckner nahm 5 Offiziere und 200 Mann gefangen, eroberte eine Kanone und erbeutete 120 Pferde.

General Luckner war dem Korps des Erbprinzen zugeteilt worden, das verhindern sollte, daß sich der Herzog von

Condé mit der Hauptarmee vereinigte. Am 22. August marschierte der Erbprinz mit mehreren Kolonnen los, um das Korps von General Levi zu attackieren. Wegen des starken Regens kamen die einzelnen Kolonnen zu verschiedenen Zeiten bei dem Lager von Bernsfeld an. Als drei davon, darunter das Regiment von Luckner, morgens um 6 Uhr angriffen, wurden sie von Geschützfeuer empfangen. Doch der Widerstand währte nicht lange.

General Levi gab bald das Lager bei Bernsfeld auf und zog sich auf den linken Flügel des Prinzen Condé zurück, der sich in Stangerod in Schlachtordnung aufgestellt hatte. General Levi mußte bei seinem Abmarsch die Hälfte seines Lagers und seiner Bagage zurücklassen. Die alliierte Armee machte einige hundert Gefangene. In seiner originellen Weise berichtete Luckner dem Herzog am 22. August über seine beiden Aktionen: „Das üble Wetter hat meiner Unternehmung auf Monsieur von Wurmser grossen Schaden gethan; ich zehle dahero nit mehr an Gefangenen als 100 und etliche Gemeine nebst 5 Officier, aber doch eine Kannon; vor den Anfang eines neuen Corps ist es vor's erste genug; ... Den heutigen Vorfall werden Ew. Durchlaucht bereits von Sr. Durchlaucht dem Erbprinzen erfahren haben; der liebe Gott hat uns das Wetter so verkehrt gesondet, dass es fast nit menschlich auszustehen gewest; ich vor meine Person allein musste wegen angeloffenen Wasser 6 Stund zubringen, um nur eine Stunde zu machen ... so dass also Stund und Zeit von Keinen hat eingehalten werden können, ja drei Colonnen haben gar nit auf ihrigen angewiesenen Blatz debouchiren können. Und doch ist es so gegangen, dass alle dem Erbprinzen gratulieren, dass die Feinde trutz ihme vor deme den nemblichen Blatz haben flüchten müssen. Wan sich das Wetter nit ehnderen sollte, so habe kein Einsicht, wie es gehen würde, dann kein Pferd will aus der Stelle, noch weniger die Arthalerie-Pferde."

Am 25. August 1762 kam es bei Grünberg zu einem Gefecht zwischen dem Korps des Prinzen Condé und dem Korps des Erbprinzen, dem auch Luckner angeschlossen war. Durch einen schnellen Rückzug entging Condé dem Angriff und das Treffen endete unentschieden. Luckner berichtete: „Es ware unmöglich, dem Feind anzukommen, wann nit alles were dabey risgiert worden, nit allein risgiert, sondern doch nichts dabei gewonnen worden."

Er war über den Verlauf des Gefechts sehr verärgert und schimpfte: „Dan Mensch und Vieh ist villes zu Grunde wegen denen Wettern, und beständigen Regen. Enfain es ist ein Unglickh, wer kann vor, Ew. Durchl. können versichert seyn, dass es so wol Sr. Durchl. den Erbprinzen, als mich chagriniret, alleinig ein gutes Gewissen ist das einzigste was übrig bleibet."

Das Kriegsglück wollte sich auch in den nächsten Tagen nicht einstellen. Am 30. August 1762 rückte General Luckner mit seinem Regiment, verstärkt durch zwei hessische Infanterie-Bataillone, über die Wetter vor. Gleichzeitig marschierte auch der Erbprinz mit seinen Truppen vorwärts. Luckner führte seinen Flankenangriff mit großem Erfolg aus. Er griff den Feind an und warf ihn über den Haufen, trieb ihn von Höhe zu Höhe, von Schlucht zu Schlucht, bis zum Johannisberg. Daraufhin verließ das Korps des Prinzen Condé seine vorteilhafte Stellung auf dem Johannisberg und marschierte zurück. Luckner wollte jetzt diese Anhöhe nehmen, mußte aber einen Umweg nehmen, da die Brücken über den Asbach zerstört waren. Mittlerweile hatte der Prinz Condé Verstärkung vom Korps Stainville erhalten, hinter dem die französische Hauptarmee folgte. Der Prinz wollte also seine alte Stellung auf dem Johannisberg wiedergewinnen, auf dem noch ein Teil seiner Nachhut stand. Luckner merkte von der anrückenden französischen Übermacht nichts, ließ den Berg stürmen und trieb den oben postierten Feind in ein nahegelegenes Wäldchen.

Währenddessen stiegen auf der anderen Seite die Kolonnen der nun vereinigten französischen Truppen mit mehreren Infanteriebrigaden, Kavallerie und schwerem Geschütz den Berg hoch. Jetzt ließ der Erbprinz seine Einheiten vorrücken, wurde aber von den weit überlegenen Franzosen mit solcher Wucht zurückgeworfen, daß seine Infanterie völlig in Unordnung geriet. Sie lief den Berg wieder hinunter und machte erst am Asbach wieder halt. Der Erbprinz war dabei von einer Musketenkugel am Unterleib schwer verwundet worden. Luckner, der mit seinen 7 Schwadronen den Rückzug der Infanterie decken wollte, wurde von 40 feindlichen Schwadronen angegriffen. Obwohl er die Attacke aushielt, war er doch gezwungen, der Übermacht zu weichen. Der Rückzug gelang, doch die Verluste waren immens. Luckner hatte 14 Tote, 80 Verwundete und 300 Gefangene zu beklagen. Er verlor außerdem eine Standarte und drei Amusetten. Die alliierte Armee hatte ungefähr 500 Mann Tote und Verwundete und verlor 1500 Gefangene und 10 Kanonen. Es war nur der festen Haltung Luckners zu verdanken, daß die Verluste nicht noch höher waren und das Korps des Erbprinzen nicht völlig aufgerieben wurde. Die Verluste des Feindes waren bei diesem Gefecht fast genauso hoch wie bei der alliierten Armee.

Die Lage der alliierten Armee besserte sich auch in den nächsten Tagen nicht. Die Franzosen operierten weiter sehr offensiv und Luckner hatte seine liebe Not. Am 7. September 1762 schrieb er um Mitternacht in seinem Rapport noch voller Aufregung: „Nun hat erst das Feuern ein Ende genommen ... Mit Tages-Anbruch werde mit meinem gros eine Enderung machen müssen, anders bin ich gewiss verlohren, dann die Nacht und das Wetter hat mit helfen müssen, die forcé ist da ... Gott weiss, wo unsere Equipage die Wetter kann passiren, ich schätze sie verlohren; o elentes Wetter vor Mensch und Vieh!"

Herzog Ferdinand vermerkte ungnädig am Rande: „Der Mensch ist verrückt." Der Ton der Briefe war gereizter geworden und die Herzlichkeit, die früher oft zwischen den Zeilen mitschwang, war verschwunden. Der Herzog übte Kritik an Luckners Aufklärung und bezweifelte mitunter die Richtigkeit seiner Meldungen, obwohl Luckner beteuerte, selbst rekognosziert zu haben: „Ich reitte mich fast dott, bin selbst in Melnau gewesen."

Am 13. September 1762 schrieb der Herzog ungehalten an Luckner: „Nach allen deren raporten, welche Ew. Exc. mir diesen Vormittag abgestattet haben, erwarte ich in Wahrheit nicht, von Deroselben diesen Nachmittag einige Stunden nachher zu vernehmen, dass Sie den Feind nirgends finden können. Es ist nicht wahrscheinlich, dass derselbe zurückmarschiert sei, wohl aber, dass Ew. Exc. unrichtige raporte gemacht worden, und Dieselben mir solche wieder communiciret haben. Ich will deshalb nichts weiter anführen, als nur erwehnen, dass ich gleichwohl auf die raports meine Mesures nehmen muss, und dahero unmöglich gleichgültig seyn kann, wie solche abgestattet werden. Gegenwärtig weiss ich also eigentlich nichts von den Mouvements, die der Feind vorgenommen, noch wie er stehet ..."

Luckner war zerknirscht über die herzogliche Rüge und entschuldigte sich wegen der widersprüchlichen Meldungen: „ — dass der Feind marschiert war nach Wetter, solches behaubte auf mein Ehrenwort; seine Enderungen, davon bin ich nit schuld; Gott weiss es, dass ich 40 Stunt gästern gemacht, ehe noch zu wissen, wie es recht stunte."

Ende September machte General Luckner dem Herzog den Vorschlag, ihm zu erlauben, auf eigene Faust in der linken Flanke des Feindes zu operieren. Zu diesem Zweck solle er ihm ein gemischtes, sehr bewegliches Korps zur Verfügung stellen. Der Herzog stimmte der Initiative Luckners zu: „Ich glaube, Ew. Exc. müssen Sich gleich so arrangiren, dass Sie ein starkes Detachement zum Detachiren gleich bereit und zu Ihrer Disposition haben mögen, um damit, sobald der Feind Miene machen sollte, Sie zu überflügeln, demselben auf den Leib zu gehen... können Sie Ihrerseits dem Feind Detachements im Rücken oder in der Flanque schikken und seine Fouragierungen tourbiren, so wird mir solches zu allen Zeiten eine höchst angenehme Sache seyn."

Nachdem aber die erhofften Erfolge ausblieben, entstanden wieder die alten Spannungen zwischen General Luckner und Herzog Ferdinand. Als Luckner in einem Bericht seinem Unmut über das Entkommen des Feindes wegen des dichten Nebels freien Lauf ließ und in seinem Rapport immer wieder den „Nebel" verantwortlich machte für alle möglichen Dinge, hatte dieses Benehmen des Generals einen sehr ungünstigen Eindruck auf den Herzog. Er bemerkte unter einem Brief Luckners: „Dieser Brief erscheint mir sehr seltsam. Es ist als ob er ihn mit zuviel Wein geschrieben hat."

Diese Randnotizen fanden natürlich keinen Eingang in den Briefwechsel mit Luckner, wo der Herzog die Form wahrte. Sie spiegeln aber die Stimmungslage in diesem Monaten.

Die Hauptarmeen hatten sich in ihre Lager zurückgezogen und unterließen größere Manöver. Es wurde immer schwieriger, Nachschub und Verpflegung zu bekommen. Die Kassen waren leer, die Rekrutierung wurde immer mühsamer. Viele Bauernhöfe standen leer, weil die Bauernsöhne in den Armeen dienten. Die Requirierungen von Fuhrwerken, Lebensmitteln und Vieh nahmen kein Ende. Ein Teil von Hessen war von den Franzosen in eine Wüste verwandelt worden.

Auch General Luckner litt unter Nachschubproblemen. Da an seinem Standort die Fourage knapp war, wollte er aus diesem Grund Anfang Oktober seine Stellung wechseln. Doch der Herzog lehnte seine Bitte ungnädig ab und bemerkte dazu: „Es wird wohl nicht so gantz reine ausfouragiert seyn, als der Herr General es sich einbilden; Ich weiss aus der Erfahrung, dass, wenn Einem die Zeit zu lange wird, an einem Ort zu verbleiben, so muss der Mangel der Fourage die Ursache seyn."

Mittlerweile war auch bekannt geworden, daß England und
Frankreich schon lange in Friedensverhandlungen standen.
Diese Nachricht blieb natürlich nicht ohne Wirkung auf die
Moral und den Einsatzwillen der Truppe. General Luckner
schilderte dem Herzog am 10. Oktober 1762 in seiner originellen Art einen Vorfall, der bezeichnend war für die gesun-
kene Kampfmoral der verbündeten Truppen: „Nachdem ich
heute Nachmittag gegen 5 Uhr erst kunnte zwingen meine
Hierherkunft, der Ursach des schlechten Wetters, Wege und
der beyden 6 Pfünder Kanons, so habe doch das Glückh gehabt, den Monsieur Conflans ordentlich zu surpreniren in
Berleburg. Er wurde meiner nichts gewahr, bis ich auf seine
erste vidette kame; ich sbrengte dahero gleich mit meiner
Cavallerie vor; Er, Conflans, kame heraus, Grenadier, Hus-
sar, Jäger, Dragoner, Enfain Alles untereinander in der aller-
größten Unordnung; ich ruffte, gleich einzuhauen, meine
Husaren brachte hinein, alleinig keinen Engländer kunnte
nit einbringen; ich setzte mich selbsten vor eine schwere
Englische Escadron, der Feint thate, weiss Gott, vor aller
Menschen Augen keine 5 Schuss auf mich, ich ruffte: nun
drauf! — wie ich mich umb sehe, war keine Seelle hinter
meiner; Cavendish Mylord und Fraser waren vor ihre Person
hervor, haben es selbsten angesehen, dann die Infantrie
kunnte wegen der Geschwindigkeit nit an mich bringen,
dann die Nacht kam mir schon auf'm Hals. Enfain so ist

Conflans aus einander gekommen ... Wahrlich, so schlecht habe ich es mein Tag nit gehört noch gesehen!"

Zweifellos war die unter König Georg III. und dem Einfluß von Lord Bute eingetretene Veränderung der englischen Politik bei den britischen Generalen nicht spurlos vorübergegangen. So machte sich eine gewisse Untätigkeit bei den englischen Truppen in der alliierten Armee breit, die auch den Herzog Ferdinand sehr verstimmte.

Auch Generallieutenant Luckner zog sich Mitte Oktober wieder den Unmut des Herzogs zu. Ein Offizier hatte sich beschwert, weil er von Luckner weder Nachricht noch Verstärkung erhielt, obwohl er ihn mehrmals bei einem Gefecht darum gebeten hatte. Herzog Ferdinand versah diese Beschwerde eigenhändig mit der Randnotiz: „Das Betragen des Hrn. General Lieutenants ist nicht erlaubt und meritirte würklich eine Ahndung etc."

Die Spannungen verstärkten sich noch, als Herzog Ferdinand die Meldung erhielt, daß Luckner-Husaren Jagd auf englische Fourageurs machten. Vermutlich mit Billigung Luckners streifte ein Kommando unter Major de la Motte durch Gegenden, wo sie nichts verloren hatten, schlichen sich durch Wälder und wechselten jeden Tag den Aufenthaltsort. Nachdem zwei Mann davon gefangen wurden, erfuhr der Herzog, daß etwa 150 Mann Infanterie und 30 Husaren unterwegs waren, um Fourageurs aufzulauern. Jeder Bauer, der ihnen einen Hinweis gab, wurde dafür mit zehn Louisd'or belohnt.

Herzog Ferdinand war sehr verärgert über diese Raubzüge auf Kosten der Verbündeten. Wie sehr das Verhältnis zu Luckner zerrüttet war, äußerte sich vor allem in den Randnotizen des Herzogs. So setzte er unter Luckners Rapport vom 18. Oktober, in dem dieser „Nichts Veränderliches" gemeldet hatte: „Und er bleibt ein unverantwortlicher Chicanneur in meinen Gedanken."

Ein anderes Mal mußte der Herzog feststellen, daß Luckner ohne seine Weisung aus dem Lager ausgerückt war und ihn erst nachträglich davon unterrichtet hatte. Auf solche Eigenmächtigkeiten, die der Herzog früher mit Nachsicht hingenommen hätte, reagierte er jetzt gereizt.

Am 1. November kam endlich wieder eine Erfolgsmeldung. Das von der alliierten Armee belagerte Kassel hatte, obwohl lange und erbittert von den Franzosen verteidigt, kapituliert. Damit war Hessen vom Feinde befreit. Die Generäle gratulierten dem Oberfeldherrn und auch Luckner äußerte sich überschwenglich: „Dieses ist nach meiner Einsicht die glorreichste Campagne vor Ew. Durchl. von allen Campagnen; Pathalien seyn zwar fast jedes Jahr gewonnen worden, aber keine Belagerung zugleich in einem so importanten Ort meines Königs Majestät alliirten Ländern, wo man die Sache nit so hat tractiren dörfen, wie man es wol hätte machen können."

Der Krieg neigte sich jetzt seinem Ende zu. Generallieutenant v. Luckner wollte vorbauen und trug aus Anlaß der Friedenspräliminarien zwischen England und Frankreich dem Herzog den Wunsch vor, weitermachen zu wollen. Sollte England den Preußen ein Hilfskorps gegen Österreich zur Seite stellen, würde er gerne dabei sein. Er bat am 9. November 1762 den Herzog sich dafür einzusetzen, „denn ich wäre gar zu gern bey dem Ende, weil ich mit von Anfang bey bin gewest, von diesen Krieg".

Herzog Ferdinand sagte ihm seine Unterstützung zu für den Fall, daß ein Hilfskorps aufgestellt werden würde.

General Luckners Familie hatte sich in den letzten Kriegstagen vergrößert; am 20. Oktober 1762 war sein zweiter Sohn

March Königl Preußischer Trouppen.

Wir treten unßern March mit allen freuden an/
dergleichen wir gar viel bißhero schon gethan :
und wißen wir offt nicht wo es hinaus werd gehen
hat unßer König doch die weg schon ausersehen .

Preußische Truppen während des 7jährigen Krieges im Feldlager.
Zeitgenössischer Kupferstich von J. M. Probst.

zur Welt gekommen. Trotz der vorausgegangenen Mißstimmigkeiten wandte sich Luckner vertrauensvoll an den Herzog mit der Bitte, die Patenstelle bei seinem Sohn gnädigerweise zu übernehmen. Herzog Ferdinand zeigte sich großmütig und erklärte sich bereit, dieser Bitte nachzukommen. Er schrieb ihm am 12. November 1762: „Ich gratulire Eurer Exc. zu der glücklichen Entbindung Dero Frau Gemahlin von einem jungen Sohn. Ich wünsche, dass er zu Ihrem beyderseitigen Vergnügen aufwachsen möge. Mir wird es zum Vergnügen gereichen, meinem Pathen dereinst Merkmale zu geben, wie hoch ich den Vater jederzeit geschätzt habe und stets schätzen werde."

Der neugeborene Lucknersproß erhielt den Namen Ferdinand, ein Zeichen der treuen Anhänglichkeit seines Vaters. Ein Patengeschenk freilich sparte sich der Herzog, nachdem er sich mit seinem Sekretär Westphalen, der den populären Husarengeneral nicht sonderlich leiden konnte, beraten hatte.

Im November 1762 wurden die Kampfhandlungen eingestellt. Das Ende des Krieges war auch das Ende der Luckner-Husaren. Am 3. Dezember erfolgte ein Reskript aus London, wonach die hannoverschen Truppen auf ihre Friedensstärke verringert werden sollten. König Georg III. mußte sparen und wollte die englischen Subsidienzahlungen einstellen. Der allgemeine Truppenabbau sollte auch Luckners Regiment nicht verschonen. Es war geplant, aus den verbliebenen leichten Truppen zwei leichte Dragonerregimenter zu bilden und die Uniformen entsprechend zu verändern.

Diese Maßnahme entsprach damals durchaus den Gepflogenheiten, waren doch die Freikorps nur für den Krieg engagiert worden. Auch in anderen Armeen wurden die Freikorps, die ja einen Söldnerstatus hatten, im Frieden wieder entlassen. Insofern war der Vorschlag des englischen Königs noch sehr kulant. Trotzdem machte sich beim Regiment Luckners, das sich in den vergangenen Jahren so außerordentlich verdient gemacht hatte, Enttäuschung breit.

Das Bedauern über diesen Schritt teilte auch Generallieutenant von Spörcken, der sich zum Fürsprecher seines geschätzten Kameraden machte und an den englischen König am 21. Dezember 1762 eine Denkschrift sandte: „. . . Inmittelst kann ich Pflicht- und Gewissenshalber nicht umhin Ew. Königl. Majestät in geziemender Ehrfurcht vorzutragen, dass die anbefohlene Auseinanderlassung des Husaren-Regiments, welches bei aller Gelegenheit mit der grössesten Distinction die wesentlichen Dienste geleistet hat, den Generallieutenant v. Luckner ungemein niedergeschlagen, und zu besorgen sei, dass er um seine Entlassung allerunterthänigst ansuchen, und anderen ihm verschiedentlich, und nur noch kürzlich auch von den Königs von Preussen Majestät angetragenen Dienste, annehmen werde. Es hat dieser verdienstvolle General von seiner ganzen Dienstzeit an, dem Lande die allerecclatanesten Dienste geleistet und nun noch vor einem Jahr E. K. Majestät hiesige Residenz sammt dem grössten Theile des Landes gedeckt, und gegen die vor Augen gestandene feindliche Ueberschwemmung durch den Entsatz der Stadt Braunschweig zuletzt glücklich gerettet. So sehr daher derselbe die eifrigsten und allgemeinen Wünsche des ganzen Landes zu seiner Beibehaltung vor sich hat, mit eben so vieler Zéle wünscht derselbe mit einem Theile seines Regiments in E. K. Majestät Diensten verbleiben zu können. Es ist ihm auch von Zeit zu Zeit, nicht undeutlich Hoffnung gemacht worden, dass nach erfolgtem Frieden ein Fuss seines Regiments stehen bleiben würde, und wie er nach getroffener Convention verbunden ist diesen beizubehaltenden Fuss neu zu montiren, zu armiren, und zu remontiren, dazu auch bereits von ihm Vorkehrungen gemacht worden, und endlich sothane Beibehaltung des von E. K. Majestät mir bekannt gemachten Planes wegen der leichten Truppen geschehen kann; so wollen Allerhöchstdieselben mir zu Gnaden zu halten geruhen, dass ich folgenden ohnvorgreiflichen Vorschlag zu thun mir erlaube: Da nach E. K. Majestät Allerhöchster Intention 2 Regimenter leichter Dragoner, mithin 8 Escadrons zu formiren sind, so könnten dazu 4 Escadrons aus dem Jäger-Corps genommen, 2 Escadrons beibehalten, imgleichen 2 Escadrons vom Scheither'schen Corps ausgewählet, oder wenn dieses letzte nicht beliebt werden sollte, statt solcher 2 Escadrons, 2 Compagnien gelernter Jäger auf dem Fusse behalten werden."

In seiner Antwort würdigte König Georg III. zwar die außerordentlichen Verdienste des Generallieutenant von Luckner und seines Husarenregiments, befahl aber, daß die Umwandlung von Husaren in Dragoner entsprechend seinem Plan vollzogen werden solle.

Mit der Auflösung des Regiments wurde General Spörcken beauftragt und als dieser ablehnte, weil es ihn zu sehr berührte, General Freitag, der aber ebenfalls abwinkte. Schließlich vollzog die traurige Pflicht General Wallmoden. Die Haltung dieser Generäle spiegelte die große Wertschätzung wider, die Luckner bei seinen Offizierskameraden genoß. Ein großer Teil des Husarenregiments und die meisten Offiziere wurden in das Dragonerregiment übernommen. Der Rest erhielt bis zu seiner Wiederanstellung Wartegeld oder wurde pensioniert.

Luckner war tief getroffen. Zwar war er durch das preussische Angebot abgesichert und auch Katharina II. von Rußland, die ihn am 1. April 1763 mit dem St. Annenorden mit Brillanten auszeichnete, lockte mit einer Offerte. Doch der Gedanke, nach all seinen Verdiensten abgeschoben zu werden, war ihm unerträglich. Er, der in seiner humorvollen und treuherzigen Art immer gesagt hatte, „Enfain, ich bin doch so content wie ein Vogel, solange ich in meines gnädigsten Herrn und hoher Generalität in Gnaden stehe", war tief gekränkt und verletzt. Auch Herzog Ferdinand, der seinen Abschied genommen hatte, konnte oder wollte ihn nicht halten. So gab Luckner, sechs Jahre nach seinem Eintritt in die hannoversche Armee, seinen Abschied ein.

Jahre später erinnerte er sich: „. . . Ich gab alle Gnadenbeweise preis, welche ich empfangen hatte. Dieser Augenblick wird mir nie aus dem Gedächtnis schwinden und nie werde ich vergessen das gerechte Motiv der Partei, welche ich genommen habe . . . Besonders merkwürdig ist, dass ich weder König Georg II. noch Georg III. jemals gesehen und dass ich weder an den einen noch an den andern die geringste Bitte gestellt habe."

Die Armee und ein Großteil der Bevölkerung bedauerte den Weggang des Haudegens. In kleinen und großen Gefechten hatte er sich geschlagen und war meist als Sieger daraus hervorgegangen. Er hatte keine ernstlichen Verletzungen davongetragen und die Strapazen des Krieges dank seiner eisernen Konstitution gut überstanden. Jedes Jahr war er eine Stufe auf der militärischen Karriereleiter nach oben gestiegen und hatte sich in ganz Europa den Ruf erworben, einer der fähigsten Parteigänger zu sein. Warum aber der Meister des Kleinen Krieges in Ungnade gefallen war, warum er zu Hause nicht den Dank und die Anerkennung fand, den man im Ausland für angemessen hielt, hatte wohl viele Ursachen. Da war einmal das zum Ende des Krieges beschädigte Verhältnis zu Herzog Ferdinand, seine häufigen Eigenmächtigkeiten und Alleingänge, seine unsauberen finanziellen Machenschaften, da war aber auch die wachsende Zahl der Neider, die dem Energiebündel aus dem Bayerischen Wald den Aufstieg und Siege mißgönnten und bei Hofe intrigierten. Letztere hatten freilich erst Erfolg, als die Sparzwänge des englischen Hofes nach dem Frieden von Paris die Oberhand gewannen. König Georg III. zeigte sich am Ende generös und befahl, die 70 000 Taler, die Luckner für die Errichtung seines Korps aufgewendet hatte, zu vergüten.

Am 1. Mai 1763 erhielt Generallieutenant v. Luckner seinen Abschied. Doch nicht sang- und klanglos wollte der gekränkte Kriegsheld scheiden, sondern mit einer spektakulären Geste sollte der Abgang des Husarengenerals in Erinnerung bleiben. Bei der Abschiedsfeier schleuderte Luckner vor dem versammelten Offizierskorps seinen hannoverschen Generalsmantel, der mit zahlreichen Orden dekoriert war, in das Kaminfeuer.

Wenige Wochen später hatte Generallieutenant Nikolaus von Luckner einen neuen Dienstgeber, der seine Qualitäten bisher schmerzlich verspüren mußte und der deshalb auch die entsprechende Anerkennung nicht vermissen ließ: Frankreich. Luckner empfand diesen Seitenwechsel nach dem Friedensschluß nicht als Verrat; nationalistische Denkmuster waren nicht nur seiner Zeit fremd, sie waren auch kaum mit seiner Professionalität vereinbar. Am 20. Juni 1763 erhielt er seine Bestallungsurkunde als Generallieutenant, unterzeichnet von Ludwig XV. Die Urkunde befindet sich heute im Armeemuseum in Paris zusammen mit seiner Uniform. Der 41jährige bekam eine eigene Truppe, das Regiment Burgund, das aus Musketieren zu Pferde bestand. Seine früheren Gegner wollten von ihm lernen und hofften, daß er ihnen die preußische Taktik Friedrichs II. beibringen würde, die damals in Europa einen großen Ruf genoß.

Der neue Dienstherr zeigte sich großzügig. Luckner erhielt eine glänzende Gage für sein Engagement: Zusätzlich zu seinen Generalsbezügen bekam er eine jährliche Gratifikation von 36 000 Livres. Jetzt konnte Luckner die Früchte seines Ruhmes genießen. Der Krieg hatte ihn zu einem reichen Mann gemacht. Von England bekam er noch 70 000 Taler für die Errichtung seines Husarenkorps, seine Kriegskasse war gefüllt mit seinen Einkünften als Truppenlieferant, von seinen Beutezügen, Gratifikationen und Prämien. Und er hatte sein Geld gut angelegt.

Noch im Krieg, 1761, hatte er in Holstein, das damals zu Dänemark gehörte, das adelige Gut Blumendorf für angeblich 100 000 Gulden gekauft. Er schuf sich jetzt einen repräsentativen Rahmen und ließ das in einem Wiesental malerisch gelegene Herrenhaus im Stil des Rokoko ausbauen. Der zweigeschossige Festsaal wurde zu einem der größten und schönsten Säle in Holstein. Er erhielt flache Balkone für die Musiker und eine reiche Stuckdekoration, in der Wappen und Monogramm Luckners angebracht wurden. Die Hopfendolden in seinem damaligen Wappen erinnerten noch an seine bayerische Herkunft. An den Wänden wechselten sich zierlich stuckierte Musikinstrumente mit den Zeichen und Werkzeugen des Kriegshandwerks ab, welche die Profession des Hausherrn verrieten.

Im Jahre 1763 erwarb Luckner das Gut Schulenburg, das wie Blumendorf in der Nähe von Bad Oldesloe liegt. Das Herrenhaus brannte 1911 ab und mit ihm wertvolles Mobiliar, Kunstschätze und Andenken, die der General gesammelt hatte.

1783 kaufte er noch das Gut Depenau bei Plön. Dort wollte er nach einem Brand ein großes neues Schloß errichten, kam aber über die Fundamente, die heute noch manchmal gefunden werden, nicht hinaus. Hier wohnte Luckner in den Jahren 1783 bis 1790.

Für seine beiden Söhne schuf er zwei Fideikommisse, um seiner Familie bleibenden Grundbesitz zu sichern. Der Primogenitur-Fideikommiß bestand aus Blumendorf und Schulenburg und war für den ältesten Sohn Nikolaus bestimmt, der Sekundogenitur-Fideikommiß für den jüngeren Sohn Ferdinand mit Depenau. Zu den Gütern gehörten jeweils eine nicht geringe Anzahl leibeigener Bauern, daneben Mühlen, Brennereien, Fischerei- und Jagdrechte. Damit hatte General Luckner die wirtschaftlichen Fundamente für den Bestand seiner Familie gelegt und dem Güterverkauf durch häufigen Besitzerwechsel einen Riegel vorgeschoben. Gleichzeitig schuf er die Rahmenbedingungen für den gesellschaftlichen Aufstieg seiner Familie.

Am 22. April 1778 erhob der dänische König Christian VII. Luckner in den Freiherrnstand. Am 31. Mai 1784 folgte seine Erhebung in den erblichen dänischen Grafenstand. Seine Kinder heirateten in die alten Adelsgeschlechter ein und die Familien Moltke, Wedel, Maltzahn und Stolberg führen Nikolaus Graf von Luckner in ihrer Ahnenreihe.

Über ein Vierteljahrhundert verbrachte Graf Luckner auf seinen ausgedehnten Gütern in Holstein. Das ruhige Leben auf dem flachen Lande empfand er bald als eine Last. Nur dreimal besuchte er in dieser Zeit sein Regiment „Burgund" in Frankreich. Er, der Haudegen und Draufgänger, der Mann des Lagers und der Schlachten, der gewohnt war vor Tagesanbruch aufzustehen und zwölf Stunden zu reiten, war zur Untätigkeit verdammt. Die Gründe für seine Zwangspause blieben unklar. Warum man seine Dienste nicht in Anspruch nahm und ob man ihn kaltstellen wollte oder dem Zugriff künftiger Gegner entziehen, darauf fand er keine Antwort.

1771 starb seine holländische Frau, mit der er die Söhne Nikolaus (1750–1824), Ferdinand (1762–1815) und die Töchter Johanna Catharina (1752–1810), Sophia Agnesa (1759–1847) hatte. Fast ein Jahrzehnt nach dem Tod seiner Frau zeugte er mit seiner Haushälterin Elisabeth Schwarzkopf eine Tochter Johanna (1782–1818) und einen Sohn Samuel (1788–1824), die er beide auf den Zunamen Renkul

119

taufen ließ. Liest man Luckner von hinten, entsteht Renkul, ein Hinweis auf den Kindsvater. Die beiden illegitimen Kinder, die sich später „von Renkul" nannten, wurden in einem Testamentsnachtrag finanziell bedacht. Auch Elisabeth Schwarzkopf wurde testamentarisch berücksichtigt. Als sie sich aber in Luckners Abwesenheit ungebührlich verhalten hatte, wurde ihre Versorgung gekürzt.

In dieser Zeit des militärischen Ruhestandes, in einem Alter, das noch die kühnsten Perspektiven zuließ, mußte Luckner erleben, daß alle Versuche, wieder reaktiviert zu werden, vergebens waren. Eine lähmende Langeweile drückte auf seine Stimmung. Fast 30 Jahre währte dieser für ihn unglückliche Zustand, bis er wieder Kriegstrommeln vernahm. Im Juni 1789 erhielt er eine Offerte aus Rußland, an einem Feldzug unter dem Fürsten Potemkin teilzunehmen. Der 67jährige Luckner war begeistert, machte aber seine Teilnahme von der Zustimmung des französischen Hofes abhängig. In Versailles jedoch wollte man ihn halten. Auf ausdrücklichen Wunsch König Ludwigs XVI. schlug er — tief enttäuscht — das russische Angebot aus.

Wenige Wochen später brach in Paris die Revolution aus. Am 14. Juli 1789 stürmten die Massen die Bastille, das verhaßte Symbol der Unterdrückung. Die Nationalversammlung proklamierte die Menschenrechte und trat für Freiheit, Gleichheit und Brüderlichkeit ein. Sie zwang Ludwig XVI., von Versailles nach Paris überzusiedeln und nahm dem Adel seine Privilegien. Die Monarchie war zwar noch nicht in Frage gestellt, sie wurde aber in eine konstitutionelle umgewandelt. Noch konnte der König mitentscheiden, auch wenn seine Rechte stark eingeschränkt waren.

Als Graf Luckner von den Ereignissen in Frankreich erfuhr, sah er eine Gelegenheit, sich in Erinnerung zu rufen. Er machte sich auf den Weg nach Paris. Am 10. Juli 1790 stattete er der Nationalversammlung einen Höflichkeitsbesuch ab. Der Präsident begrüßte ihn mit den Worten: „Frankreich war es müde, Sie zum Feinde zu haben und schätzt sich heute glücklich, Sie unter seinen Verteidigern zu wissen." Graf Luckner dankte der Nationalversammlung, daß sie ihn aus seiner Einsamkeit, wo er sein Leben „in Verborgenheit hätte zubringen müssen", hervorgerufen habe.

Seine Geste wurde als politisches Bekenntnis gewürdigt. Man bestätigte seine Gratifikationen und gewährte ihm gerne die Bitte, als Gast am Föderationsfest auf dem Marsfeld am 14. Juli teilzunehmen. Dort versammelten sich über 300 000 Menschen in Hochstimmung. Lafayette, der Held aus dem amerikanischen Unabhängigkeitskrieg, war die Glanzfigur des Festes. Er sprach im Namen aller Föderierten den Eid, „der die Franzosen unter sich und die Franzosen mit ihrem König vereinigt, um Freiheit, Verfassung und Gesetz zu beschirmen." Und auch der König schwur der Nation und dem Gesetz die Treue.

Es war ein kluger Schachzug des alten General Luckner, diesem Revolutionsfest demonstrativ beizuwohnen. Es nützte sowohl seiner Popularität bei den Volksmassen als auch seinem Renommee bei der revolutionären Elite, die darin ein Zeichen seiner Loyalität sah. Graf Luckner besaß noch den Legendenschimmer früherer Zeiten und war ein Repräsentant der alten Armee, die seit der Revolution einem wachsenden Zersetzungsprozeß ausgesetzt war. Die einfachen Soldaten reklamierten die Menschenrechte auch für sich und wehrten sich gegen das harte Zwangs- und Züchtigungsprinzip. Befehlsverweigerung und mangelhafte Disziplin waren die Folge. Dies und die verletzende Behandlung des Adels bewogen viele Offiziere, die meist aus dem Provinzadel stammten, die Armee zu verlassen. Dadurch wurde wiederum die allgemeine Disziplinlosigkeit gefördert. Die Generalität stand der Revolution und ihren Idealen ablehnend gegenüber, konnte aber die alten Verhältnisse in der Armee nicht wiederherstellen. Um so mehr schätzte man im revolutionären Paris, wenn sich ein hoher General vom Format Graf Luckners offen zu den neuen Entwicklungen bekannte. Luckner tat dies freilich nicht aus politischen Motiven, denn die Revolution blieb ihm doch letztlich fremd. Seine Haltung entsprang vielmehr dem Gefühl, endlich seiner ländlichen Einsamkeit und Tatenlosigkeit entfliehen zu können. Die Flucht aus der Bedeutungslosigkeit war auch von dem Wunsch getragen, reaktiviert zu werden und am

Der Sturm auf die Bastille am 14. Juli 1789. *Zeitgenössisches Gemälde.*
Schloß Versailles, Musée Historique.

militärischen Leben wieder teilnehmen zu können. Und es sollte sich bald zeigen, daß Luckners loyale Geste nicht umsonst gewesen war.

Am 1. April 1791 wurde der grauhaarige General mit einem Kommando belohnt. Er erhielt den Befehl über die 7. und vier Wochen später noch über die 8. Division. Sein Hauptquartier war Grenoble und er sollte die Grenze zu Sardinien-Piemont überwachen.

Im Juni 1791 unternahm Ludwig XVI. mit seiner Familie einen Fluchtversuch, der in Varennes ein klägliches Ende fand. Mit von der Partie waren auch einige höhere Offiziere, was zur Folge hatte, daß das Mißtrauen gegen die Armee wuchs und wild wuchernde Verschwörungstheorien gediehen. In dieser Situation beteuerte General Luckner wiederholt seine loyale Haltung, was sein Ansehen bei der revolutionären Elite weiter steigen ließ. Am 30. Juli 1791 wurde der Graf dann aufgewertet. Er bekam das Kommando über die 5. und 6. Militärdivision mit Sitz in Straßburg und war wieder eine Stufe aufgestiegen. Der nächste Schritt nach oben erfolgte dann im Dezember. An der Ostgrenze wurden aus den Militärdivisionen drei Armeekorps gebildet: eine Nordarmee unter Generalleutnant Rochambeau, eine Zentrumsarmee unter Lafayette und eine Rheinarmee, deren Kommandeur Graf Luckner hieß.

Jetzt hatte der greise General den Gipfel der militärischen Hierarchie erklommen. Nur wenige Monate nach seiner Reaktivierung war es dem ehemaligen Feind Frankreichs gelungen, an die Spitze des französischen Heeres vorzudringen. Am 28. Dezember 1791 überreichte ihm Kriegsminister Narbonne in Metz vor 10 000 Soldaten feierlich den Marschallstab. Mit ihm wurde noch Rochambeau zum Marechal de France ernannt. Graf Luckner hatte den Marschallstab nicht

Nicolaus Graf von Luckner in Husarenuniform. *Lithographie von Remy.*

wie sonst auf Grund besonderer Verdienste bekommen, sondern in der Hoffnung auf solche Verdienste. Diese Ernennung war um so ehrenvoller, als die vom Gesetz vorgeschriebene Zahl von sechs noch vollständig war. Er, der einfache Bürgersohn aus der Oberpfalz, war nun zum „Cousin" des Königs geworden; so lautete nämlich die übliche Anrede für einen Marschall von Frankreich.

Luckner stand nun in einer Reihe mit Rochambeau und Lafayette, den Helden des amerikanischen Unabhängigkeitskrieges, und bald war er populärer als die beiden.

Das Hauptquartier des III. Armeekorps lag in Straßburg und Marschall Luckner unterstanden auf dem Papier 50 000 Mann. In Wirklichkeit belief sich die Zahl seiner Soldaten auf etwa 24 000, die schlecht ausgerüstet und ohne Disziplin waren. Doch Marschall Luckner gelang es, das Vertrauen seiner Truppe zu gewinnen. Der kleine, breitschultrige Mann mit dem großen Kopf war trotz seines Alters noch sehr rüstig. Täglich war er noch neun Stunden zu Fuß unterwegs oder zwölf Stunden zu Pferde. Der spätere Kriegsminister Dumouriez schrieb in seinen Erinnerungen: „Er stand vor Anbruch des Tages vom Lager auf, stieg zu Pferde und mit keinem anderen Zweck, als sich den Soldaten zu zeigen, kehrte er spät zurück, dinierte schlecht, . . . und legte sich um neun Uhr zu Bett."

Sein Französisch war mangelhaft und als er vor der Nationalversammlung sprechen sollte, entschuldigte man ihn dort: „Es ist ihm leichter, eine Schlacht zu gewinnen, als eine Rede zu halten."

Doch trotz seines schlechten Französisch war er bei den einfachen Soldaten sehr beliebt. Er duzte sie, klopfte ihnen auf die Schulter, trank gern ein Glas Wein und war bei aller Offenheit und Strenge auch voller Fürsorge. So wurde Marschall Luckner bald der populärste Mann des französischen Heeres. Man nannte ihn den „Vater Luckner", seine väterliche Art verschaffte ihm in Straßburg Respekt und es gelang ihm, Ordnung und Disziplin wiederherzustellen. Da er sich zu keiner politischen Partei bekannte und bei seine Entscheidungen nur den militärischen Standpunkt gelten ließ, vermochte er das Treiben sowohl der radikalen Jakobiner als auch der Konterrevolutionäre in seiner Armee einzudämmen. Es wurden damals freilich auch Versuche unternommen, die Stellung Marschall Luckners zu untergraben. Da auf der rechten Rheinseite die adeligen Emigranten versammelt waren, um bewaffnet in Frankreich einzufallen, wurden Stimmen laut, die befürchteten, daß er als Deutscher die Interessen Frankreichs verraten könnte. Aber die öffentliche Meinung stand zu ihm und die Presse schrieb: „General Luckner ist nicht der Mann, der sich überrumpeln läßt, er hat alles vorbereitet, um sie gebührend zu empfangen. Und da Böswillige das Gerücht verbreitet haben, Luckner werde, wenn die Deutschen uns angreifen, sich nicht gegen seine Landsleute schlagen, so liess er für eine halbe Million Nationalgüter ankaufen, und versprach, trotz seiner 68 Jahre noch eine Französin zu heiraten. Mit solche Heiterkeit macht er sich bereit, die Emigranten und deren Helfershelfer zu empfangen."

Anfang 1792 war der Krieg die große Tagesfrage, ja sogar die Lebensfrage der Revolution geworden. Die treibende Kraft waren die Girondisten — vor allem Brissot — und der Kriegsminister Narbonne war das Instrument in ihrer Hand. Sie verfolgten den Plan eines europäischen Revolutionskrieges, der die anderen Länder von der Tyrannei befreien und die Revolution in Frankreich vorantreiben und festigen sollte. Für einen Krieg plädierte auch Lafayette, der sich von einem kurzen und begrenzten Krieg eine Stärkung der Generalität und der konstitutionellen Monarchie versprach. Für einen Krieg war auch der König. Doch Ludwig XVI. hoffte nicht auf einen Sieg, sondern wünschte eine Niederlage und damit eine Wiederherstellung seiner Macht. Gegen einen Krieg waren allein Robespierre und die Jakobiner. Sie fürchteten eine Militärdiktatur im Falle eines Sieges und das Ende der Revolution bei einer Niederlage. Aber Robespierre stand allein da. Mit jedem Tag wurde die Begeisterung des Volkes für einen Krieg größer und immer zahlreicher die Aufrufe der Klubs, gegen die Emigranten vorzugehen.

Der Kriegsminister Narbonne war an die Grenzen gereist, um den Zustand der Truppen zu inspizieren. Am 11. Januar erstattete er der Nationalversammlung Bericht über die Einsatzbereitschaft der drei Armeekorps. Dabei gab sich der junge und eifrige Minister sehr optimistisch über den Zustand der Armee. Die Wirklichkeit sah jedoch anders aus.

Die seit 1791 geplante Aufstellung von 100 000 Mann Nationalgarde, die gleichsam als eine Reservearmee gedacht war, hatte sich verzögert. Erst ein Drittel war aufgestellt. Die Linientruppen waren zwar besser ausgebildet als die Nationalgardisten, ihre Ausrüstung aber war mangelhaft. Es gab zu wenig Soldaten und zu wenig Waffen. Die allgemeine Disziplinlosigkeit, der Verlust adeliger Privilegien und die Appelle der Emigranten hatten 6000 Offiziere ins Ausland flüchten lassen, d. h. die Armee hatte zwei Drittel des Offizierskorps verloren. Mit den Offizieren waren auch viele Soldaten desertiert. Es fehlte den Truppen an Kleidung, es fehlte an Artillerie, an Pferden, an Magazinen, an Munition und es fehlte an Geld, um all das zu beschaffen, um die Truppen zu verpflegen und zu besolden. Drei Jahre Revolution hatten die Mängel, die vorher schon bestanden, stark verschlimmert. Erst im Frühjahr 1792 ging man daran, das Versäumte nachzuholen. Doch die wirtschaftliche Lage des Landes verhinderte eine grundsätzliche Besserung. Die Finanzen des Staates krankten. Man lebte fast ausschließlich von Assignaten und mußte diese dauernd vermehren. So schritt die Entwertung weiter fort. Um den Zustand des Heeres zu verbessern, forderte der Kriegsminister Narbonne einen außerordentlichen Zuschuß von etwa 30 Millionen Assignaten.

Marschall Rochambeau, ein altgedienter und nüchterner General, erklärte gegenüber dem Kriegsministerium, „dass der Zustand der Armee nicht erlaube, einen Krieg zu beginnen". Auf Wunsch des Königs sollten auch Lafayette und Luckner über die Lage Bericht abstatten. Beide stimmten im Wesentlichen dem Urteil Rochambeaus zu. Luckner glaubte aber trotzdem an die Möglichkeit eines erfolgreichen Angriffs in seinem Abschnitt, weil auf der rechten Rheinseite keine Armee stand, sondern nur die schwachen Truppen kleiner Reichsfürsten und die Einheiten der Emigranten.

Bei seinen feurigen rhetorischen Ausführungen über eine erfolgversprechende Offensive wußte er nicht nur die Mehrheit der Nationalversammlung auf seiner Seite, sondern auch den Kriegsminister Narbonne, der sich vor ihn stellte: „Sein Herz ist besser als seine Sprache." Die Frage nach den Mitteln für so eine Operation aber konnte auch Luckner nicht beantworten. Er hatte auch eine Denkschrift bei sich, von der man glaubte, daß Narbonne der Verfasser sei.

Der König und das Kriegsministerium, mit Ausnahme des Ministers, schlossen sich der Meinung Rochambeaus an. Luckner kehrte enttäuscht nach Straßburg zurück, weil man seinen Angriffsgeist nicht gewürdigt hatte. Die Zeitungen in

Straßburg schreiben: „Der ehrliche alter Luckner, konnte nicht begreifen, was er denn eigentlich sollte."

Luckner war, ob er wollte oder nicht, mittlerweile zu einer politischen Figur geworden. Auch wenn persönliches Karrieredenken und nicht eine politische Überzeugung seine Auftritte bestimmte, genoß er seine wachsende Popularität und es schmeichelte ihm, daß er das Vertrauen der Girondisten besaß, die ihn zu ihrer Gallionsfigur machten. Doch es tauchten auch schon andere Stimmen auf, die murrten: „Luckner ist ein abgenutztes Instrument, mit dem einige abgefeimte Hofleute machen, was ihnen beliebt."

Der Kriegsausbruch ließ nun nicht mehr lange auf sich warten. Am 16. Februar 1792 hatte Friedrich Wilhelm II. in Potsdam mit dem designierten Oberbefehlshaber, dem Herzog von Braunschweig, den Operationsplan für eine Sommeroffensive abgestimmt. Am 2. Februar schlossen Preußen und Österreich ein Verteidigungsbündnis. Als Kaiser Leopold unerwartet am 1. März starb, wurde Franz II. sein Nachfolger und begann einen harten Kurs zu steuern. Ein Ultimatum aus Paris beantwortete er gar nicht. Daraufhin erklärte Ludwig XVI. am 20. April 1792 dem „König von Ungarn und Böhmen" den Krieg. Der Österreichische Monarch wurde deswegen so tituliert, weil er noch nicht zum Kaiser gekrönt war.

In Frankreich löste die Nachricht von der Kriegserklärung Freude und Zustimmung aus. Die Wogen der Begeisterung erreichten am 24. April Straßburg. Die Stadt war in den Farben Blau-Weiß-Rot geschmückt und der Bürgermeister Dietrich, ein guter Freund Marschall Luckners, ließ an allen Plätzen die Kriegserklärung verlesen. Da hieß es: „Zu den Waffen, Bürger! Das Zeichen ist gegeben . . . das Banner des Krieges entrollt . . . zu den Waffen! Jetzt heisst es kämpfen,

Marquis de Lafayette. Porträt als Befehlshaber der Nationalgarden.
Farbkupferdruck von L. Ph. Debucourt, 1790.

siegen oder sterben! Von uns hängt es ab, daß alle Mächte Europas unserem Freiheitswillen weichen. Mögen sie zittern, die gekrönten Despoten. Der Glanz der Freiheit muss für alle Menschen strahlen! Zeigt euch eurer Freiheit würdig, auf, stürmt zum Siege, zerschlagt die Armeen der Unterdrücker ..."

Die Einwohner Straßburgs waren auf den Beinen und verabschiedeten die abrückenden Freiwilligen. Jubel und Festsstimmung hatten die ganze Stadt erfaßt. In dieser aufgeheizten Situation verfaßte der Pionierhauptmann Rouget de Lisle in der Nacht vom 25. auf den 26. April das Kriegslied für die Rheinarmee. Am nächsten Tag trug er das neue Marschlied dem Bürgermeister Dietrich vor, der ihm den Auftrag für dieses Lied erteilt hatte. Der „Chant de guerre pour l' armée du Rhin" stieß in der Straßburger Gesellschaft sofort auf Zustimmung. Rouget de Lisle widmete das Lied respektvoll seinem obersten Dienstherrn, Marschall Luckner. Was Goethe das „revolutionäre Tedeum" nannte, wurde später als „Marseillaise" zur Hymne der Franzosen.

Als Marschall Luckner diese besondere Ehre zuteil wurde, hatte er den Höhepunkt seines kometenhaften Aufstiegs erreicht. Er ließ sich vom Volk als Kriegsheld feiern. Auf ihn richteten sich die großen Hoffnungen eines schnellen Sieges. Marschall Luckners erste militärische Aktion war die Besetzung der Engpässe von Pruntrut. Diese strategisch wichtige Position hatten bisher die österreichischen Truppen unter General Fürst Esterhazy besetzt gehalten. Sie zogen sich jedoch zurück, als sie beim Anmarsch der Lucknerschen Einheiten feststellen mußten, daß sie zu schwach waren, um Widerstand zu leisten. Diese erste kriegerische Operation der Rheinarmee blieb die einzige bis Ende September.

Am 9. März war Narbonne als Kriegsminister abgelöst worden. Er war es übrigens, der den Plan gehabt hatte, den wegen seiner Feldherrnerfolge berühmten Herzog von Braunschweig zum Führer der französischen Armee zu machen. Zwar wurde nichts aus diesem Wechsel, doch hätte es den Gepflogenheiten der Zeit nicht widersprochen. An die Stelle von Narbonne trat de Graves, doch der eigentliche Drahtzieher war Außenminister Dumouriez. Der Kriegsplan, den Dumouriez entworfen hatte, sah vor, daß der Hauptstoß der französischen Armee im Norden erfolgen sollte. Er wollte keine Zeit verlieren und durch eine rasche Offensive in Belgien die Bevölkerung zum Aufstand gewinnen.

Ende April 1792 stießen die französischen und österreichischen Truppen erstmals in den österreichischen Niederlanden aufeinander. Rochambeau ließ den General Biron gegen die gut ausgebauten Stellungen der Österreicher vorgehen. Als die anrückenden zwei Dragonerregimenter die österreichischen Truppen in tadelloser Schlachtordnung stehen sahen, ergriffen sie trotz ihrer Überlegenheit die Flucht. Dabei rissen sie das ganze Korps mit sich, das dann den Rückzug antreten mußte.

Dem Korps des General Dillon erging es nicht anders. Wenige Kilometer hinter der belgischen Grenze traf es auf österreichische Abteilungen. Als der General mit einem Flankenmanöver reagierte, entwickelte sich daraus eine wilde Flucht. Die zurückflutenden Truppen schrieen „Verrat". Erst in Lille machten die demoralisierten Haufen Halt. Dort wurden General Dillon und ein Oberst von ihren eigenen Leuten erschlagen. Lafayette, der den Vormarsch hätte unterstützen sollen, überschritt erst gar nicht die Grenze. Marschall Rochambeau, der schon immer vor einem Krieg gewarnt und den miserablen Zustand der französischen Armee stets offen beklagt hatte, reichte nach diesem Debakel den Abschied ein.

Gleichzeitig kritisierte er in aller Schärfe den Kriegsplan. Lafayette und Biron stellten sich hinter ihn und machten Front gegen den Kriegsminister.

Jetzt blieb nur Marschall Luckner als einzig verläßliche Stütze. Er sollte den Oberbefehlshaber der Nordarmee, Marschall Rochambeau, ablösen. Man berief Luckner nach Paris, um Rücksprache mit ihm zu nehmen. Seine Abreise sorgte in Straßburg für einige Aufregung. Nur ungern ließ man ihn gehen, ihn, den einzigen Kriegsmann, den Frankreich noch besaß und dessen Ruf noch unbeschädigt war. Die öffentliche Meinung stand damals voll hinter ihm: „Der tüchtige Luckner, die Hoffnung der Nation, verehrt von allen Patrioten, der Mann ohne Furcht und Tadel."

Dabei war der greise Marschall mit seiner Stellung am Rhein etwas unzufrieden. Das war zwar kein Grund, die Nordarmee zu übernehmen, aber das Kriegsministerium kannte seine Vorbehalte. In mehreren Briefen hatte Luckner über die defensive Aufgabe der Rheinarmee geklagt, die er seinem Marschallgrad nicht für angemessen hielt. Er hatte auch mehrmals die mangelhafte Ausrüstung seiner Soldaten moniert und bezweifelt, daß sie in diesem Zustand einem feindlichen Angriff standhalten könnten.

Nach Ansicht des Kriegsministeriums, das ab 5. Mai Oberst Servan leitete, war Luckner der geeignete Mann für den belgischen Feldzug. Man hoffte auch, daß es ihm gelingen würde, die disziplinlosen Soldaten der Nordarmee wieder an die strengen Regeln militärischer Ordnung zu gewöhnen. Zudem hatte Luckner gegenüber dem Minister dem

Krieg in den österreichischen Niederlanden recht gute Erfolgsaussichten eingeräumt. Und selbst nach den Schlappen des ersten Einfalls glaubte er, daß die Lage noch zu retten sei. Außerdem setzte der einflußreiche Dumouriez auf ihn, weil er glaubte, so seinen Rivalen Lafayette ausmanövrieren zu können.

So war Luckner unversehens in die Mühlen politischer Intrigen geraten, ohne daß er die Motive und Hintergründe dieses Spiels durchschaute. Doch Luckner wollte bei allem kämpferischen Optimismus, den er immer zur Schau trug, den dienstmüden Rochambeau nicht ersetzen, sondern unterstützen. Er war gewillt, ihm als Generaladjutant die Nordarmee zu reorganisieren, wollte dann aber wieder nach Straßburg zurück. Den Oberbefehl über die Rheinarmee legte er deshalb auch nicht nieder, sondern übte ihn weiterhin aus. Der Kriegsminister erklärte vor der Nationalversammlung: „Luckner ist in Paris angekommen. Er hat eine Armee verlassen, von welcher er angebetet wird. Er geht nach Valenciennes, und wird alles aufbieten, um Rochambeau im Namen des Königs zu bewegen, das Commando zu behalten. Er will, nach seinem eigenen Wunsche, Rochambeaus Adjutant sein! ... Er wird bleiben, bis zwischen Vorgesetzten und Untergebenen das Vertrauen hergestellt ist. Die Minister haben dem König angerathen, dieses hochherzige Anerbieten des Marschalls Luckner anzunehmen. Jedermann fühlt das Großsinnige, das in diesem Schritte des tapferen Luckner liegt, und die Vortheile, die der Armee daraus erwachsen dürften."

Von der Nationalversammlung wurde diese honorige Haltung Luckners beifällig aufgenommen und gewürdigt. Dem König soll Luckner noch gesagt haben, als er auf das Problem der Subordination angesprochen wurde: „Sire, meine

Soldaten sind wie die Lämmer, ich kann sie hinführen, wohin ich will, denn sie kennen mich."

Um Marschall Luckner zum Nachgeben zu bewegen, boten Dumouriez und der Kriegsminister Servan alle Überredungskünste auf. Sie ließen ihm auch über den König Pferde schenken, was Luckner sehr beeindruckte. Am Abend des 15. Mai 1792 traf Luckner in Valenciennes im Lager von Rochambeau ein. Dieser empfing ihn mit den höchsten Ehrenbezeigungen. Luckner machte große Anstrengungen, um Rochambeau zum Bleiben zu bewegen. Lafayette bot ihm den Oberbefehl über seine Truppen an. Doch diese Bemühungen waren vergebens, Rochambeau blieb bei seinem Entschluß. Er war amtsmüde, gesundheitlich angeschlagen und deprimiert über den kläglichen Zustand der Armee. Am 20. Mai reiste Rochambeau ab und Luckner mußte wohl oder übel das Kommando über die Nordarmee übernehmen.

Vor seiner Abreise hatte am 19. Mai noch ein Kriegsrat zwischen Rochambeau, Lafayette und Luckner stattgefunden. Dabei wurde der neue Kriegsplan entworfen. Der ursprüngliche Operationsplan stammte von Dumouriez, der besonderes Gewicht auf große Schnelligkeit und den Überraschungseffekt gelegt hatte. Man dürfe keine Zeit verlieren, auf Ausrüstung, Zelte und Lebensmittel sei keine Rücksicht zu nehmen, man könne auf die Hilfe der Belgier bauen. Doch dieser Plan scheiterte an der Disziplinlosigkeit der Truppen und der fehlenden Unterstützung durch die Belgier.

Luckner, der schon zu Beginn der Operation auf die Fehler dieses Plans hingewiesen hatte, fühlte sich nach dem Mißerfolg der französischen Truppen in Belgien in seiner Argumentation bestätigt. Dumouriez ließ ihm deshalb bei der Ausarbeitung eines neuen Plans freie Hand. Was bei den

Verhandlungen in Valenciennes herauskam, blieb freilich geheim. Sicherlich war es kein detaillierter, genauer Ablaufplan, denn Luckner liebte solch frühzeitige Festlegungen nicht. Er ging jedoch von der Voraussetzung aus, daß die Belgier sich nach einem Einmarsch auf die Seite der Revolution stellen und sich gegen die österreichischen Truppen erheben würden. Dieses Gebiet gehörte damals zu den österreichischen Niederlanden.

Einer Schlacht gegen die Österreicher mußte er jedoch aus dem Wege gehen. Dies machte er auch dem Kriegsminister klar: „Bei der Unerfahrenheit der Truppen, die wenig geübt sind, ist die wahre Taktik die . . ., sich nur auf Vorpostengefechte einzulassen, jede Bewegung in der Ebene zu vermeiden, starke und unangreifbare Stellungen zu besetzen, jeder Überraschung aus dem Wege zu gehen."

Die Stellungen Luckners und Lafayettes sollten auf den Feind wie eine Zwickmühle wirken. Luckner wollte durch sein Vorrücken den Feind von dessen Position wegziehen und so Lafayette die Möglichkeit des Vormarsches geben. In jedem Fall sollte durch Manöver nach Art der alten Kriegsführung Terrain gewonnen werden. Das ganze Land aber konnte mit dieser Armee nicht besetzt werden. Luckner schrieb an Dumouriez: „Ich wünsche, daß der Erfolg meine Unternehmungen kröne, und daß Eure Hoffungen auf den Aufstand der Niederlande keine trügerischen seien."

Dumouriez hatte ihm für den Fall eines Einmarsches 30 000 bis 40 000 belgische Soldaten in Aussicht gestellt, auf die Luckner dringend angewiesen war, wollte er nicht scheitern wie seine Vorgänger. „Denn ohne dieses Mittel", schrieb Luckner an Dumouriez, „dürfte es unklug sein, sich zu weit im Innern des Landes vorzuwagen." Luckner sprach auch offen die Zustände in der Nordarmee an: „Sie machen sich keine Vorstellung, von der Mühe, die mir ihr Irrtum macht betreffs der Truppen, über die ich verfüge, bis zu welchem Punkte sie von allem entblösst sind ... Sie selbst wissen, wie ich den Offensivkrieg dem Defensivkrieg vorziehe." Je länger Luckner im Lager von Valenciennes weilte, desto mehr schwand sein Optimismus und er schloß sich bald der Skepsis seines Vorgängers Rochambeau an.

Für den Zug nach Belgien stand Luckner nur ein kleines Armeekorps zur Verfügung. Er konnte nur mit etwa 20 000 Mann rechnen. Die Sollstärke dieser Armee war weit unterschritten, so bestand das Korps nur zur Hälfte aus alten königlichen Truppen. Den größeren Teil des Heeres bildeten die Nationalgarden, die wenig geschult und diszipliniert waren, auch die Ausrüstung der zum Teil unausgebildeten Rekruten war äußerst mangelhaft! Die Zelte waren bei der schmachvollen Flucht zurückgelassen worden und noch durch keine neuen ersetzt worden. Bis zum 26. Mai hatte Luckner erst 13 000 Mann unter Zelten. Es fehlten Munition, Waffen und Verpflegung. Die Lastpferde der Nachschubkolonnen waren so schwach, daß sie gleich am ersten Tag unter ihrer Last zusammenbrachen. Dies verzögerte das Marschtempo ungemein. Luckner schrieb an den Kriegsminister Servan am 28. Mai: „Der Mangel übersteigt alles Denkbare."

Die Zahl und die Qualität der Offiziere gab Luckner viel Anlaß zu Klagen. Zwei Drittel der Offiziere waren emigriert, die Lücken noch nicht aufgefüllt. Nach dem Debakel der Nordarmee waren viele Offiziere zu Lafayette abgewandert oder hatte ihren Abschied genommen. „Die meisten Regimenter sind ohne höhere Offiziere", schrieb Luckner an das Kriegsministerium. Er forderte deshalb für die geplanten Operationen sieben Generallieutenants, er erhielt aber nur drei. Luckner erklärte später: „Ich muss sagen, im Beginne eines Krieges, zu einer Zeit, wo das Heer fast ganz mit neuen Offizieren versehen, wo das Aufrücken in die höheren Stellungen so rasch erfolgt war, musste ich wenig Erfahrung finden; ich habe also, soweit dies möglich war, alles selbst sehen oder alles selbst thun müssen, sowohl bei der Avantgarde als beim Heere selbst ... Die Obersten sind ohne Energie, die Offiziere ohne Festigkeit. Ein jeder Herr will die Verantwortlichkeit von sich weisen."

Diese Offiziere besaßen bei den Mannschaften nur wenig Autorität. Der Gegensatz zwischen den Offizieren und Mannschaften wurde noch verschärft durch das Treiben jakobinischer Klubs. Mit ihrer zersetzenden Propaganda versuchten sie die Soldaten gegen ihre Führer aufzuhetzen. Sie streuten Verdächtigungen aus, riefen zur Befehlsverweigerung auf und verleumdeten ihre Vorgesetzten. Luckner klagte: „Sie suchen unsere Feldzugspläne zu erraten, veröffentlichen sie, widersetzen sich ihnen und durchkreuzen alle meine Absichten ... In diesem Klubgeist opfern sie das Interesse des Vaterlandes ihrem Parteiinteresse."

Diese Agitatoren kamen oft direkt aus Paris angereist mit dem Auftrag, die Instruktionen des Jakobinerklubs bei den Armeen an der Grenze zu verbreiten. Ihr Einfluß ließ den sonst so optimistischen Luckner vollkommen verzweifeln. Zwar zeigte sich bei einem großen Teil der Soldaten guter Wille und patriotischer Eifer, doch war die Disziplinlosigkeit noch so weit verbreitet, daß eine Wiederholung der Schlappe Rochambeaus zu befürchten war. Bezeichnend für die damaligen Mißstände war ein Tagesbefehl Marschall Luckners, in dem er den Soldaten untersagte, von den Unteroffizieren weiter zu verlangen, diese sollten ihnen die Suppe kochen.

Luckner versuchte auch gegen das Treiben der politischen Parteien in seiner Armee vorzugehen. Er ermahnte seine Soldaten: „Ich kenne nur eine Partei, den Ruhm Frankreichs und die Aufrechterhaltung der Constitution; das ist mein Ziel, das der Eid, den ich geleistet habe. Ich halte meinen Eid. Man verbreitet verleumderische, schimpfliche Gerüchte, man sucht Offiziere und Soldaten mit einander zu verfeinden, und sollte doch alles aufbieten, um ihnen gegenseitiges Vertrauen einzuflössen ... Lasst uns an nichts als unsere gemeinsame Sache denken, dem Vaterland dienen, jene Standhaftigkeit, jene edle Festigkeit zeigen, die der Mann haben muss, der frei sein will und seinen Eid für etwas achtet."

Bereits bei der Kommandoübernahme hatte Luckner an seine Soldaten appelliert: „Der Soldat wird in mir einen Freund, einen alten Kameraden finden, der bereit ist, allen seinen Bedürfnissen entgegen zu kommen und sein Interesse eifriger wahrzunehmen als sein eigenes; allein auch einen strengen und unerbitterlichen Chef, der den Ruhm Frankreichs und die Aufrechterhaltung der Freiheit, und folglich die Mittel will, welche sie sichern, und da ist das erste die Disciplin, welche jeder wahre Soldat im Grunde seines Herzens selber will und wollen muss. An Disciplin gewöhnt, denn ich habe durch alle Chargen durch gedienet, werde ich unerbitterlich darauf halten. Vertrauen und Subordination! Lasst uns einer auf den anderen zählen, und wir werden siegen."

Da sich die Vorbereitungen für die Operation wegen der schlechten Ausrüstung in die Länge zogen, waren bereits einige Wochen vergangen. In Paris nahm man diese Verzögerungen mit Mißbilligung auf. Luckner, der sich absichern wollte, verlangte vom Kriegsminister Servan einfache kategorische Befehle für die einzelnen Einsatzphasen. Außerdem forderte er drei Kommissare an, die den Zustand der Armee beurteilen und die Ursachen für die Verzögerungen finden sollten. Servan ging auf keine der Forderungen ein, sondern schmeichelte Luckner, bis dieser nachgab. Als die Ausrüstung leidlich beisammen war, erklärte er sich nach langem Drängen bereit, vorzurücken.

Am 8. Juni 1792 gab er schweren Herzens den Befehl zum Abmarsch. Vorher hatte er noch eine Heerschau abgehalten und zu der Truppe gesprochen: „Diesen Morgen bricht das Lager auf; aus der Art, wie die Armee marschieren wird, aus ihrem Gehorsam, ihrer Pünktlichkeit und ihrem Schweigen werde ich beurtheilen, was ich in Zukunft unternehmen kann. Es wäre unvernünftig, mit Truppen Pläne zu machen, welche mir nicht wenigstens diesen Beweis gegeben haben, dass ich auf sie zählen kann."

Das Heer rückte bei beständig schlechtem Wetter sehr langsam vor. Marschall Luckner ließ bei Maulde und später bei Lille feste Lager errichten, die er mit je 6000 Mann besetzte. Am 16. Juni 1792 schlug das Wetter um. Marschall Luckner gab seinen Offizieren den Befehl, am nächsten Tag anzugreifen. Schon in der Nacht hatten belgische Jäger, die sich in Luckners Heer befanden, den Lysfluß durchschwommen und einige Brückenköpfe gebildet. Am 17. Juni dann griffen Luckners Zentrum und sein linker Flügel die belgische Stadt Menin an. Die schwache österreichische Besatzung wollte sich verteidigen und brach die Brücke ab. Doch als belgische Jäger wieder den Fluß durchschritten, mußten sich die österreichischen Truppen zurückziehen. Während Luckner Menin besetzte, konnte General de Carle die schwach verteidigte Stadt Ypres einnehmen. Die Stimmung der Soldaten stieg durch diese Erfolge und Luckner selbst gestand am nächsten Tag: „Ich habe diese Nacht besser ge-

Der Sieger von Courtray. *Zeitgenössischer Stich von Boilly.*

schlafen als seit zwei Monaten, vielleicht, weil ich in einem gestern in Besitz genommenen Lande geschlafen habe."

Der Angriff auf Courtray war für den 19. Juni geplant. Doch als Luckner das Gelände in Augenschein genommen und die zuversichtliche Stimmung seiner Leute erfahren hatte, beschloß er, „das Eisen zu schmieden, solange es warm ist". Er rief seiner Avantgarde zu: „Warum sollen wir nicht heut nacht in Courtray kampieren?" und ließ sie vorrücken. Bald wurde sie mit Artilleriefeuer empfangen. Die österreichische Besatzung wehrte sich tapfer gegen die anrückende französische Übermacht. Sie hatte die Brücke über den Lysfluß abgebrochen und stand hinter einer dreifachen, gedeckten Verschanzung. Marschall Luckner ließ zehn Geschütze auffahren und das Feuer eröffnen. Unter ihrem Schutz rückte seine Reserve gegen die Front und seine Avantgarde gegen die Flanke vor. Drei Stunden dauerte das Kanonen- und Gewehrfeuer.

Luckner setzte sich selbst den feindlichen Kugeln aus und ermunterte durch sein Beispiel seine Soldaten: „Fürchtet nichts, die Kugeln verschonen die Tapferen."

Erst als sich die französischen Truppen daranmachten, die Stadt zu umgehen, gaben die Österreicher auf und zogen sich zurück. Es wurden nur wenige Gefangene gemacht und eine Kanone erbeutet. Luckner war einer der ersten, die Courtray betraten. Über den Empfang durch die Bürger meldete er nach Paris: „Die Einwohner nahmen die einrückenden Truppen mit Bezeugungen der Freude und unaussprechlichen Jubel auf."

Als die Kunde vom erfolgreichen belgischen Feldzug Paris erreichte, brach dort großer Jubel aus und man feierte Luckner als den „Sieger von Courtray".

Auch an anderen Stellen waren die französischen Truppen über die Grenze nach Flandern vorgerückt. An Luckners rechter Flanke stand Lafayette mit seinen 18 000 Mann in den Lagern von Teniere und Famars, an der linken Flanke befand sich de Carles in Ypres und Furnes mit etwa 4000 Mann, so daß ein Kordon von Einheiten sich von der Küste bei Dünkirchen bis nach Maubeuge im Osten erstreckte. Vor allem die Stellung Luckners war für die österreichische Armee sehr gefährlich. Man sah Gent und Brüssel bedroht und zog deshalb ein Truppenkorps vor Gent zusammen. Gleichzeitig beschäftigte man Luckner mit häufigen Bewegungen und mit Angriffen auf Courtray. Es waren die tüchtigsten Generale des Kaisers, die Luckner gegenüberstanden, nämlich Beaulieu, Clairfayt und Latour, und eine geübte und disziplinierte Truppe.

Luckner war darauf bedacht, daß er mit verschiedenen Korps gleichzeitig operieren konnte. Es sollte daher etwa der gleiche Abstand gehalten werden, um beständig Fühlung zu haben. Andernfalls fürchtete er, daß einige seiner Korps abgeschnitten werden könnten.

Am 17. Juni 1792 schrieb Luckner an Dumouriez, daß er nicht weiter nach Belgien vorrücken werde, wenn ihm nicht der immer wieder zugesicherte Aufstand der Belgier zu Hilfe käme. Doch er erhielt keine Antwort aus Paris, wo sich inzwischen die Ereignisse überstürzten. Dumouriez war bereits am 16. Juni zurückgetreten, wovon Luckner erst durch die Zeitung am 20. Juni erfuhr. Am 20. Juni kam es in Paris zu Unruhen, die königliche Familie wurde beschimpft und die Machtlosigkeit der Nationalversammlung gegen das Treiben der Jakobiner trat offen zu Tage.

Als die Proklamation des Königs vom 22. Juni eintraf, ließ Luckner sie an seine Soldaten verteilen. Luckner selbst und seine Offiziere verurteilten die revolutionären Ausschreitungen in Paris. In einem Brief an den neuen Kriegsminister Lajard am 26. Juni nannte er die Vorgänge „skandalmässiges Betragen". Lajard solle dem König versichern, daß er sich an die Konstitution gebunden fühle, er aber „keine andere Sprache führen dürfe als die, welche sein Herz und Gewissen ihm diktiere." Luckner war zwar tief betroffen über die revolutionären Exzesse, mußte aber gestehen, daß er von der Konstitution zu wenig wußte, um seine Absichten mitteilen zu können.

Am 28. Juni dann übersandte er dem König „die einstimmigen Gelübde seines Heeres", wies jedoch gleichzeitig darauf hin, daß er in „allen politischen Fragen unbewandert" und seine Tätigkeit eine rein militärische sei.

Mittlerweile waren die Sympathien der belgischen Bevölkerung für die französischen Besatzer geschwunden. Während zu Anfang noch etwa 500 bis 600 belgische Überläufer gezählt wurden, trat bald „dumpfes Schweigen" ein. „Unzählige Gründe halten sie zurück", klagte Luckner über die Bevölkerung, von der man in Paris gehofft hatte, daß sie sich erheben würde. Doch nichts dergleichen geschah.

Die Belgier verhielten sich nach einiger Zeit sogar offen feindlich und französische Patrouillen wurden nicht selten beschossen. Luckner mußte bald erkennen, daß er auf eine belgische Revolution nicht bauen konnte: „Ich sehe nicht die leiseste Hoffnung der so fest angekündigten Erhebung." Auch von Lafayette, der nach Paris geeilt war und schmerzlich erfahren mußte, daß sein Einfluß geschwunden war, konnte er keine Unterstützung erwarten. Luckner war zwar durchaus zuversichtlich: „Meine Stellung ist stark und in Courtray gut gesichert", schrieb er am 24. Juni. Und zwei Tage später erklärte er dem Kriegminister: „Nichts kann

mich beunruhigen, um mich zum Rückzuge auf Lille zu bewegen." Doch diese optimistische Sicht der Dinge hielt der
weiteren Entwicklung nicht stand.

Bis zum 24. Juni hatte Luckner dreimal durch Kuriere
Verstärkung vom Kriegsminister angefordert, die durch das
Ausbleiben der belgischen Revolution absolut notwendig geworden war. Aber in Paris hüllte man sich in Schweigen. Als
dann endlich von Lajard ein Antwortschreiben eintraf,
mußte Luckner verärgert feststellen, daß man seine Forderungen ignorierte. Der Kriegsminister äußerte sich nur un-
verbindlich mit „Versicherungen des Vertrauens in Luckners
Eifer und guten Willen".

Luckner war wütend über die indifferenten Weisungen
aus Paris und er bekannte offen: „Seitdem ich sehe, daß die
Belgier nicht für uns gestimmt sind, habe ich Tag und Nacht
nachgedacht und nur ein Mittel gefunden, eine Frankreich
drohende Gefahr zu vermeiden, und das ist: mein Heer auf
Valenciennes zurückzuziehen."

Sein Entschluß zum Rückzug wurde noch bestärkt durch
österreichisch-preußische Truppenbewegungen gegen den
Rhein im Osten. Durch diesen Aufmarsch war Lafayette gezwungen, seine Position am rechten Flügel zu verändern.
Dadurch aber hätte Luckner an seiner rechten Flanke die
Deckung verloren und für die österreichischen Truppen
wäre der Weg nach Valenciennes und Lille frei gewesen.
Luckner, der sich für die gesamte Front zwischen Dünkirchen und Saarlouis verantwortlich fühlte, mußte also auch
seine Einheiten umgruppieren. Er befürchtete einen Angriff
auf seine hinteren Stellungen, zumal die Österreicher von
Tag zu Tag stärker wurden und an Boden gewannen.

Luckner hielt besonders die Stellung seiner Avantgarde
bedroht. Täglich zweimal ritt er den 10 Kilometer langen

Weg von Menin nach Courtray und zurück, um sich zu vergewissern, ob seine Anweisungen auch befolgt wurden. Die nächtlichen Plänkeleien nahmen ständig zu. Die feindlichen Truppen waren bereits sehr nahe an Courtray herangerückt und gefährdeten die französischen Stellungen. Luckner urteilte später über die zahlenmäßig überlegenen Österreicher: „Die Angriffe auf Courtray folgten unmittelbar aufeinander und waren begünstigt durch die äußerst bedeckte Umgebung der Stadt. Der Feind drohte mich in Menin anzugreifen, was mich zwang, ein Korps auf das rechte Ufer der Lys zu werfen, dessen Zweck war, meine Verbindung mit Lille sicher zu stellen."

Für Luckner stand also Ende Juni fest, daß nur ein Rückzug seine Position verbessern konnte. Daß diese Bewegung politische Konsequenzen haben und die hohen Erwartungen in Paris enttäuschen könnte, spielte bei seinen Überlegungen keine Rolle. Der Zeitpunkt für den Rückmarsch war freilich noch nicht festgelegt. Dieser wurde dann durch ein Ereignis bestimmt, das dem Ruf der französischen Armee in Flandern außerordentlich schadete.

In der Nacht vom 28. auf den 29. Juni 1792 stießen österreichische Einheiten auf Courtray vor, besetzten die Vorstädte und brachten Kanonen in Stellung. Dann begannen sie, die französischen Verschanzungen unter heftiges Feuer zu nehmen. Jarry, der das Kommando über Luckners Avantgarde hatte, machte nun seine frühere Drohung wahr und ließ die Häuser, die den feindlichen Soldaten Deckung boten, in Brand stecken. Die Österreicher zogen sich in die angrenzenden Kornfelder zurück, feuerten aber weiter. Als Jarry auch aus den Häusern beschossen wurde, legte er weitere Gebäude in Schutt und Asche. Daraufhin alarmierte der Magistrat Luckner, der sofort herbeieilte und Jarry heftig tadelte. Doch mittlerweile waren schon an die 200 Häuser Opfer der Flammen geworden. Luckner setzte sich später bei der Nationalversammlung für eine Entschädigung ein, die dann auch bewilligt wurde. Doch erst einmal rief der Brand bei den Belgiern Wut und Empörung hervor, die sich in Ausschreitungen entluden. Das nahm Marschall Luckner zum Anlaß, den schon beschlossenen Rückzug nicht weiter aufzuschieben. Noch am 29. Juni gab er den Befehl zum Abmarsch.

Der Rückzug erfolgte dann in der darauffolgenden Nacht in Ruhe und Ordnung. Am nächsten Morgen erreichte Luckner Lille. Am 2. Juli 1792 marschierte die Armee nach Valenciennes weiter. Carle rückte nach Dünkirchen, das übrige Heer teils nach Maubeuge, teils nach Famars. So hatte die Nordarmee nach drei Wochen wieder ihre alten Stellungen eingenommen.

Das unerwartete Ende des Feldzugs schlug in Paris hohe
Wellen. Luckner, der den Rückzug nach rein militärischen
Gesichtspunkten entschieden hatte, mußte damit die politi-
schen Erwartungen enttäuschen. Doch es gab auch Stimmen
im revolutionären Lager, die Lafayette für den mißglückten
Feldzug verantwortlich machten. So schrieb der Deutsche
Konrad Engelbert Oelsner, ein Beobachter und Freund der
Revolution, im Juli 1792: „Was wir fürchteten ist erfolgt.
Das neue Ministerium, ganz im Sinne Lafayettes zusammen-
gesetzt, hat den Marschall Luckner im Stiche gelassen. Die
Vollmacht ja, ist ihm gegeben worden, aber die verlangten
zwanzigtausend Mann nicht, unentbehrlich zu weitern Ex-
peditionen. Um die Unmöglichkeit zu vervollkommnen,
entblösste Lafayette Luckners linke Flanke, indem er sich in
das Lager von Maubeuge zurückzog. Dem braven Marschall
wurde für seinen Hintern bange. Die schlauen Pagen, so ihn
umringen, benutzten diese Stimmung. Er versteht kein Jota
von dem politischen Wirrwarr. Die Intrige hat sich nicht be-
gnügt, den Brabanter der Geissel seiner Tyrannen zu über-
liefern, sondern um den französischen Namen recht verhasst
zu machen, verbrennt ein schändlicher Schurke − die Vorstädte von Courtray."

Am 6. Juli 1792 traf in Paris die Nachricht vom aktiven
Kriegseintritt Preußens ein. Am 11. Juli erließ die Nationalversammlung die Proklamation: „Das Vaterland ist in Ge-

Maximilian de Robespierre. *Gemälde um 1790. Musée Carnavalet, Paris.*

fahr.“ Alle Behörden tagten in Permanenz und die Nationalgarde wurde zu den Waffen gerufen. Neue Freiwilligenba-
taillone wurden überall ausgehoben. Die Mobilmachung
richtete sich ebensosehr gegen den Feind im Innern wie gegen die Preußen. Als Marschall Luckner mit Lafayette die
Positionen tauschte, wurde Luckners Nordarmee zur Zentrumsarmee mit Hauptquartier in Metz. Jetzt mischte sich in
die Enttäuschung über den belgischen Feldzug auch noch
der Verdacht, er stecke mit dem königstreuen Lafayette unter einer Decke. Dabei war der Kommandotausch vom
Kriegsministerium entschieden worden und Luckner hatte
sich noch über seine ewigen Deplazierungen gewundert.
Doch gleichzeitig war er von Lafayette umworben worden,
für die Sache des Königs gegen Paris zu marschieren.

Das hatte sich herumgesprochen und Engelbert Oelsner
schrieb am 24. Juli 1792: „. . . Luckner mag schreiben, was er
will, so bleibt ausgemacht, und ich kann dieses mit dem
Zeugnisse eines höchst unparteiischen Ausländers belegen,
dass Luckner in einer hiesigen Gesellschaft gesagt hat, Lafayette sei ein Intrigant, er habe ihm abscheuliche Anträge
getan. Das Unglück ist, dass Luckner kein Französisch versteht, seine Briefe nicht selbst schreibt, außer seinem Fache
ein aberwitziger, alter Schwachkopf ist, ohne Menschenkenntnis und bereit, nach Tische, wenn er getrunken hat, alles zu sagen, was man ihn sagen zu lassen Lust hat. Daher
kommt es denn, dass jeder verschmitzte Ränkemacher Fan-
geball mit ihm spielt. Man behauptet, er sei dessen endlich
innegeworden und habe allen ehemaligen Kammerjunkern
den Abschied gegeben. Die Zeit muß es lehren. Er besitzt das
volle Vertrauen des Soldaten und kann es, glaub’ ich, rechtfertigen, denn die Weinflasche hat nie einem deutschen
Feldherrn im Wege gestanden, eine Schlacht zu gewinnen.“

Als Herzog Karl Wilhelm Ferdinand von Braunschweig, der preußische Oberbefehlshaber, mit einem Manifest Ludwig XVI. schützen wollte, brachte er mit dieser offenen Drohung den König in Bedrängnis. Es kam am 10. August 1792 in Paris zum Aufstand. Das Tuillerienschloß wurde gestürmt, der König verhaftet. Jetzt mußte Lafayette Farbe bekennen. Er wollte die Armee gegen Paris führen, doch er fand keine Unterstützung. Lafayette floh am 19. August 1792 zu den alliierten Truppen, zurück blieb ein verwirrter Luckner.

Als Lafayette-Freund verdächtigt, verlor Luckner auf Beschluß der Nationalversammlung am 21. August 1792 das Kommando über die Zentrums- und Rheinarmee. Am 25. August 1792 ersetzte Kriegsminister Servan ihn durch Kellermann.

Doch mittlerweile hatten die alliierten Truppen die Grenze überschritten. Den Hauptstoß führte die preußische Armee unter dem Oberbefehl des Herzogs von Braunschweig. Am 20. August stand sie vor der Garnison Longwy. Drei Tage später war Longwy gefallen und die Preußen rückten auf die Festung Verdun vor. Die Nachricht von der Einnahme Longwys erreichte Paris am 26. August. Die drohende militärische Katastrophe zwang die zerstrittenen Parteien sofort zu handeln.

Nachdem der Untersuchungsbericht der drei Kommissare der Nationalversammlung Marschall Luckners Vorgehensweise im belgischen Feldzug rehabilitiert hatte, beschloß der Exekutivrat, auch mit Rücksicht auf die öffentliche Meinung, ihn am 29. August zum „Generalissimus" zu ernennen. Neben diesem reinen Ehrenamt, die anderen Generale zu beraten, sollte er eine Reservearmee in Chalon sur Marne aufbauen.

Konrad Engelbert Oelsner schrieb Ende August über diese Maßnahmen: „Luckner befindet sich durch Lafayettes Verräterei gewaltig kompromitiert, und wenn seine Absetzung sich in eine neue Ernennung zum Generalissimus der drei gegen Deutschland stehenden Armeen verwandelt hat, so rührt dies von dem Glauben her, daß die bisherige Versatilität seiner Grundsätze die Schuld der Ränkemacher, so ihn umgaben, und nicht eines Mangels an Redlichkeit sei. Man ist von seinen Feldherrntalenten überzeugt, niemand besitzt in höherem Grade die Art von Scharlatanerie, welche den Soldaten führt, wohin sie will, niemand mehr als er das Zutrauen der Armeen. Kellermann hat sich die Oberbefehlshaberschaft Luckners zur Bedingung gemacht. Der Generalissimus wird bei Chalons die Reserve kommandieren und von da aus die Bewegungen der Armeen leiten, welche Stellung ihn zugleich unschädlich macht, im Falle man sich auch in seinen Gesinnungen betröge."

In Chalon herrschten damals chaotische Zustände. Rund 60 000 Freiwillige, ohne Waffen und Ausrüstung, waren innerhalb weniger Tage in die Stadt gekommen. Goethe schrieb über diese Soldateska in seiner „Campagne": „Aber diese brachten Lust zum Rauben und Morden mehr als zu einem rechtschaffenen Krieg mit." Luckner mußte sie wegschicken, weil er sie weder verpflegen noch ausrüsten konnte. Die Rekruten verspotteten den kleinen, breitschultrigen Mann und lachten über sein schlechtes Französisch. Um ihn zum Rücktritt zu bewegen, hatte man dem Marschall Oberst Laclos zur Seite gestellt, ohne dessen Unterschrift kein Befehl Luckners gültig war.

Am 13. September 1792 zitierte man Luckner in die Hauptstadt unter dem Vorwand, man brauche ihn zum Entwerfen eines neuen Feldzugplans. In Paris wurde in diesen

Tagen überall die „Marseillaise" gesungen. Doch der Mann, dem sie gewidmet wurde, stand abseits. Am 20. September 1792 brachten die Revolutionstruppen den preußischen Vormarsch durch die Kanonade von Valmy zum Stehen. Die Geschichte war über Luckner hinweggegangen.

Am 27. September erschien der greise Marschall vor dem Nationalkonvent, um sich wegen seiner Untätigkeit in Belgien und am Rhein zu rechtfertigen. Er durfte sich aus der Hauptstadt nicht entfernen, bis seine Sache entschieden war. Während Ludwig XVI. der Prozeß gemacht wurde, am 19. Januar 1793, fiel die Entscheidung: Luckner bekam seinen Abschied. Mit einer Jahrespension von 36 000 Francs zog er sich nach Straßburg zurück, wo er ein Haus besaß.

Die Revolution hatte mittlerweile ihr Gesicht gründlich verändert. In Paris herrschte der nackte Terror. Tag für Tag wurden angebliche Verräter ins Gefängnis geworfen und hingerichtet. Am 21. Januar 1793 bestieg der König die Guillotine und wurde enthauptet. Der alte Luckner, dem die Revolution immer fremd geblieben war, begriff nicht, was in Paris vorging. Da man seine Flucht fürchtete, mußte er sich einen neuen Wohnsitz suchen, der mehr als 20 Meilen von der Grenze entfernt sein mußte. Seine Wahl fiel auf Benamenil bei Luneville.

Der pensionierte Marschall, der Frankreich bedeutende Gelder aus seinem Privatbesitz geliehen hatte, fuhr im Spätherbst nach Paris, um diese Schulden einzutreiben. Daraufhin beschloß der Konvent am 23. September 1793, dem Marschall seine Pension nicht mehr auszubezahlen. Als er sich darüber beschwerte, wurde er am 19. Oktober verhaftet. Robespierre, der Kopf des Terrorregimes, hatte ihn aufgrund einer haltlosen Denunziation des berüchtigten Prinzen Karl von Hessen, genannt Charles Hesse, festnehmen lassen. Bis zu seinem Prozeß kam Marschall Luckner in das Palais de Luxembourg in Untersuchungshaft. Mehrere Bittschriften um Freilassung blieben ohne Erfolg.

Inzwischen bereitete der öffentliche Ankläger Fouquier-Tinville einen Schauprozeß vor. Man wollte in dem Marschall den Hauptrepräsentanten der alten Armee treffen. Luckner, der nur sein Geld und sein Recht wollte, verstand nicht, warum das Opfer plötzlich Täter sein sollte. Er begriff nicht, warum er als militärischer Führer auf die politische Bühne gezerrt wurde.

Am 1. Januar 1794 wurde der Marschall in den Justizpalast vor das Revolutionstribunal geschleppt und verhört. Fouquier-Tinville rief neun Zeugen auf, darunter Charles Hesse, der sich schon in anderen Schauprozessen bewährt hatte. Die Anklage warf Marschall Luckner vor: Komplizenschaft mit dem Verräter Lafayette, Teilnahme an einer Verschwörung mit dem König gegen die Revolution. Er wurde beschuldigt, den Einmarsch der vereinigten preußischen Truppen vorsätzlich erleichtert zu haben durch seinen Rückzug aus Belgien und seine defensive Haltung in Metz. Der alte Mann wehrte sich und beteuerte seine Unschuld, vergebens. Er wurde zum Tode verurteilt.

Die Zeit bis zur Hinrichtung mußte Luckner in der Conciergerie verbringen, dem Gefängnis der Todgeweihten. Hinter diesen Gittern hatte noch vor wenigen Monaten die Königin Marie Antoinette auf den Henker gewartet.

Der 72jährige Marschall war sehr gefaßt. Er schrieb für eine befreundete deutsche Dame noch ein Gedicht, worin er seine Gefangenschaft und einen mißglückten Fluchtversuch schildert. Das waren die letzten Nachrichten von seiner Hand.

Am 4. Januar 1794 brachte ihn der Henkerkarren zum Platz der Revolution, wo die Guillotine stand und der Henker Sanson wartete.

„Er ging zur Richtstätte mit all der Festigkeit, die das Alter seinen Bewegungen, der Haltung des Körpers, dem Ausdruck des Gesichts gestattete."

Auf der langen Liste der 2780 durch das Fallbeil Hingeschlachteten ist Luckners Name festgehalten.

Der Leichnam des Mannes, dem die „Marseillaise" gewidmet wurde, kam in ein anonymes Massengrab auf dem Friedhof de la Madeleine. Dort wurden die Opfer der Blutjustiz, darunter auch Ludwig XVI., verscharrt. Jahrzehnte später wurde dieser Friedhof aufgelassen, wie so viele Friedhöfe in Paris. Die Gebeine wurden in die Katakomben überführt, wo sie seitdem, zahllos und namenlos, tief unter den Straßen von Paris ruhen.

Ein Jahr nach der Hinrichtung des Grafen Luckner wurde das Urteil aufgehoben und das zurückbehaltene Vermögen seinem ältesten Sohn ausbezahlt.

Die Verhaftung Graf Luckners, Oktober 1793. *Kupferstich von Duplessis-Berteaux.*

157

Adermayer, Anton: Graf Nikolaus von Luckner. Marschall von Frankreich, Regensburg 1894

Allgemeine Deutsche Biographie, Bd. 19, Leipzig 1884

Archenholtz, Johann Wilhelm von: Geschichte des Siebenjährigen Krieges in Deutschland, Leipzig 1904

Castelot, André: Die französische Revolution, Paris 1987

Dachenhausen, A. v.: Luckner und seine Husaren, Verden 1863

Delbrück, Hans: Geschichte der Kriegskunst im Rahmen der politischen Geschichte, Berlin 1920

Eelking, Max v.: Leben und Wirken des Friedrich Adolph Riedesel, Leipzig 1856

Ewald, Johann v.: Belehrungen über den Krieg, Schleswig 1798

Großer Generalstab (Hg.): Geschichte des Siebenjährigen Krieges, Berlin 1824/47

Heuss, Theodor: Schattenbeschwörung. Randfiguren der Geschichte, Stuttgart 1947

Hochedlinger, Michael: Johann Nikolaus Graf Luckner (1722–1794). Söldnertum zwischen Ancien Régime und Revolution. In: Militärgeschichtliches Beiheft zur Europäischen Wehrkunde/Wehrwissenschaftliche Rundschau, Heft 6, 5 Jg., Dez. 1990

Knesebeck, E. v. d.: Ferdinand Herzog zu Braunschweig und Lüneburg während des siebenjährigen Krieges, Hannover 1857

Kunisch, Johannes: Der kleine Krieg. Studien zum Heereswesen des Absolutismus, Wiesbaden 1973

Lutz, Luitpold: Die Bayerischen Husaren im Österreichischen Erbfolgekrieg 1742–1745, München 1901

Mauvillon, S.: Geschichte Ferdinands, Herzog von Braunschweig-Lüneburg, Leipzig 1794

Oelsner, Konrad Engelbert: Luzifer oder Gereinigte Beiträge zur Geschichte der Französischen Revolution, Leipzig 1987

Osten, Wilhelm August v. d. (Hg.): Feldzüge der alliierten Armee in den Jahren 1757 bis 1762 nach dem Tagebuch des Generaladjutanten von Reden, Hamburg 1805

Pfeiffer, Heinrich: Der Feldzug Luckners in Belgien im Juni 1792, Diss. Leipzig 1897

Pfeilschifter, Johann Baptista v.: Bayerischer Plutarch, Aschaffenburg 1861

Ranke, Leopold v.: Der Ursprung der Revolutionskriege 1791 u. 1792, Leipzig 1875

Renouard, C.: Geschichte des Krieges in Hannover, Hessen und Westfalen von 1757 bis 1763, Cassel 1864

Schatz, Georg (Hg. u. Übers.): Schilderung der französischen Generäle, die während des siebenjährigen Krieges in Deutschland gedient haben, o. O. 1791

Schiller, Johann Caspar: Meine Lebensgeschichte. In: Wolzogen, Alfred v.: Schillers Beziehungen zu Eltern, Geschwistern und zur Familie von Wolzogen, Stuttgart 1859

Schottenloher, Karl: Die Bayern in der Fremde, München 1950

Schuegraf, Rudolph Josef: Biographien von berühmten Männern aus Baiern, Passau 1821

Schultze, Karl Egbert: Graf Nikolaus Luckner, Marschall von Frankreich, und seine Familie. In: Familiengeschichtliche Blätter 38 (1940), Heft 6/8

Sichart, Louis v.: Geschichte der Königlich Hannoverschen Armee, Hannover 1870

Sybel, Heinrich v.: Geschichte der Revolutionszeit von 1789 bis 1795, Düsseldorf 1853

Tempelhof v.: Geschichte des 7jährigen Krieges, Berlin 1783

Thiers, Adolf: Geschichte der Französischen Revolution, Leipzig 1848

Wallon, H.: Histoire du tribunal revolutionaire de Paris, Paris 1880

Weininger, H.: Luckner und seine Husaren. In: Österreichische Militär Zeitschrift, 2. Jg., 4. Bd., 1861

Wendel, Hermann: Die Marseillaise. Biographie einer Hymne, Zürich 1936

Westphalen, Ferdinand Otto Wilhelm Henning v. (Hg.): Geschichte der Feldzüge des Herzogs Ferdinand von Braunschweig-Lüneburg, Berlin 1859/72

Zweig, Stefan: Sternstunden der Menschheit

Archiv für Kunst und Geschichte, Berlin: 9, 27, 72, 111, 123, 131, 151; Armeemuseum, Paris (Fotos: Schwarzenbeck): 11, 74; Bomann-Museum, Celle (Foto: Schwarzenbeck): 70; Braunschweigisches Landesmuseum, Braunschweig (Foto: Ingeborg Simon): 95; Eggersdorfer, F. X.: 14; Graphische Sammmlung Albertina, Wien: 49; Historisches Museum, Straßburg (Foto: Schwarzenbeck): 73; Kupferstichkabinett, Straßburg (Foto: Schwarzenbeck): 71; Niedersächsisches Hauptstaatsarchiv, Hannover: 81; Österreichische Nationalbibliothek, Wien: 17; Privatbesitz: 25, 37, 143; Schloß Versailles, Saal Rochambeau: Umschlag; Schwarzenbeck: 13, 75; Stadtarchiv, Cham: 2, 125, 157.